GVC Geopolitics

グローバル・バリューチェーンの地政学

INOMATA SATOSHI 猪俣哲史

日本経済新聞出版

はじめに

「国防は、経済的な豊かさよりも遥かに重要である。[1]」

「経済学の父」と呼ばれるアダム・スミスが、古典『国富論』の中に残した命題である。これは当時、英国のライバルとして急速に台頭した海洋王国オランダを意識したものであるが、「見えざる手」などリベラルな市場経済原理を説いたスミスの言葉としては、極めて奇異に響くかもしれない。

命題の思想史的な解釈については歴史学の知見に任せるとしよう。いま必要なのは、激動する現代社会を前に、スミスの言葉をどのように受け止め、位置づけるかを考えぬくことである。

スミスが生きた時代を境に、欧州諸国は産業革命を契機として生産能力の飛躍的な向上を果たしたことは知られている。しかし当時、国境を越えた交易については、もっぱら自国で生産を全うできる製品のみを輸出していたという。英国で作られる蒸気エンジンは、車輪の鉄材からボイラー圧力計に至るまで、あらゆる部品・付属品も英国製であることが当たり前であった。

ところが近年に至り、輸送技術や情報通信技術の進歩、そして自由貿易を支える様々な制度の発展により生産システムは大きな変容を遂げる。たとえばシャツの生産において、ミラノのデザイナーがデザインを手がけ、それをもとにロンドンの職人が型紙を起こし、最後にダッカの工場で大量生産されるなど、生産工程は細かく切り分けられ、各工程は、その業務が最も効率よく行われる国へと移転されるようになった。

ここで、このような国境を越えた生産分業についてその構造に目を向けると、資産や雇用機会、テクノロジーといった〈経済的価値〉の分配をめぐる国際的なパワーゲームが見えてくる。なぜなら生産分業の構造は企業の力関係を反映しており、また、究極的にはこの力関係こそが、ゲームにおける価値配分の大きさと方向性を決めるからだ。

汎用品の組立加工より、高付加価値製品の研究開発やマネジメントといった役割にある企業の方が、生産システムに対する影響力は遙かに大きい。それはたとえば、半導体をめぐる国家間の攻防などにもはっきりと見て取ることができよう。

グローバル・バリューチェーン（ＧＶＣ）と呼ばれるこの世界的な価値ネットワークの誕生は、今日における安全保障の考え方に少なからぬ影響を及ぼした。安全保障は重要な国家機能の一つであり、また、その主体は国家の決定を担う政府である。いかに超国家的なルールや機関が発達しようとも、最終的に国民の生存権や財産を護るのは国家の責任であり、また現実的にも軍・警察の独占という事実をもって、国際社会では、国家が法的な能力を持つ唯一のアクターとなっている。しかし今日、その戦略空間が、ＧＶＣの発展に伴って大きく変化しているのだ。

本書はＧＶＣと安全保障の関係を「地政学」から考察する。地政学は、地理学や国際関係論などの系統に属する学術分野であり、国際政治や外交を論じる上で重要な分析軸を呈している。もっとも本書では、古典的な地政学の方法論を直接参照するというよりも、むしろそれから得られた分析視角を援用すると言った方が妥当かもしれない。

いっぽうのGVCはもともと経済的概念であり、もっぱら政治とは切り離されたところで発展を続けてきた。学問的にも多国籍企業を主たる分析対象とし、国際生産ネットワークの統治形態に主眼が置かれている。

これらは一見、相容れぬ物のように思える。前者は国家を分析単位とし、その物理的な空間配置すなわち「地理」を補助線として国際関係を捉える。対して後者は経済活動の越境がもたらす現象であり、国家や国境という概念が後景に退いた世界の産物である。

ではなぜGVCと地政学なのか。それは現在、GVCが国家間のパワーバランスを動かす戦略次元の一つを構成するようになったからである。その背景には、貿易問題の域を超えた米中対立の激化と「相互依存の武器化」がある。

歴史的に、禁輸などの経済制裁は国際貿易が盛んになった産業革命の時代から既に見られている。たとえば、ナポレオン1世は1806年に大陸封鎖令（ベルリン勅令）を発し、フランスとその同盟国が敵対国の英国と交易することを全面的に禁止した。

すると、相互依存の武器化といっても、それは歴史的な一場面が繰り返されているにすぎない、という見方もあるだろう。しかしそうではない。経済制裁は対立国間に経済的な深いつながりがあってこそ効力を発揮する。冷戦時代の米ソ対立を考えてみればいい。当時の米ソ間には、ココム（対共産圏輸出統制委員会）の影響もあり基幹産業における経済連関がほとんど無く、したがって安全保障問題への対応はもっぱら軍事的手段に基づくものとなった。いっぽう、今日の米中関係では、ＧＶＣの発展に伴う経済相互依存の深化と経済活動のデジタル化により、経済制裁の破壊力とスピードが格段に増している。

そこへ、新型肺炎によるパンデミックが起きた。世界レベルで人の動きが止まるという前代未聞の状況に直面し、人心不安・社会的混乱を背景に、あるいはそれらを利用して、多くの国で中央集権化、強権化、自国第一主義の傾向が高まりつつある。安全保障を名目としたビジネスへの政府介入、そしてその政治的・外交的利用が急増し、多国籍企業は海外展開にあたり、各国政府の動きに対して常に神経を尖らせるようになった。

そして、現代の戦略財、半導体のＧＶＣを巡る米中の攻防は激化の一途を辿っている。その世界最大にして最強の製造拠点が、中国本土から僅か１３０キロメートル沖合の島にあるのだ。これを地政学的問題と言わずして何であろうか。

米中対立、パンデミック、そしてロシアによるウクライナ侵攻と、今般、安全保障に関する研究が広く注目を集めている。そのなかでの本書の立ち位置は、考察対象をＧＶＣという戦略次元に集中させ、その分析視角から事象を整理・解析するという点である。また本書の議論は、前著『グローバル・バリューチェーン』で展開した理論体系に基づいている。GVCの考え方を再確認することも含め、前著と一部重なる記述があることには留意されたい。

第1章では、国際経済ネットワークの「かたち」と国家間のパワーバランス、これら二つの関係性を論じる。一般的にネットワークというと、ランダムに広がった網の目を想像しがちだが、いっぽうで一定の「かたち」を持ったネットワークも存在する。特にここで注目したいのが、ある特定の要素を中心として、そこから放射状に広がるような姿のネットワークである。経済ネットワークでいえば、その中心にあるのは、取引を通してより多くの経済主体とつながっている企業である。そして、このような企業、あるいはそれが属する国家ほど、経済システム全体に対する影響力は大きいと考えられる。

ことに経済制裁では、制裁発動国が国際ネットワークの中でどれほど中心的な位置を占めているか、ということがその効力の重要な決定要因となる。そこでその実例として、SWIFT（国際銀行間金融通信協会）を介した金融制裁や、半導体のような戦略物資の禁輸措置など、「相互依存の武器化」について近年の動向を概観する。そのうえで制裁の効果と限界を見極め、経済制裁が発動国にとって「両刃の剣」であることを示す。

では、パワーバランスに影響を及ぼす「ネットワーク中心性」をどのようにして炙《あぶ》りだすのか。第2章では、国際産業連関表という統計表を用いて国際生産ネットワークの構造を解析する。国際産業連関表は、様々な製品の国際取引に関する詳細な見取り図であり、各製品の生産工程を、国境を越えてトレースすることができる。取引関係の「世界地図」を描くことで地政学のロジックをGVCへ展開するのだ。ことに、製品サプライチェーンがどの国のどの産業に集中しているか、という視点で国際生産システムの「チョークポイント」を捉え、各国経済の対外的な依存構造を描出する。

第3章では中国に焦点をあて、その急速な経済発展が国際関係に及ぼした影響について考察する。政治学者アリソンは、著書『米中戦争前夜』において「トゥキディデスの罠」という概念を提唱した。古代ギリシアの歴史家トゥキディデスが残した記述を引き合いに、新興大国 中国による「追う者の驕《おご》り」と覇権国 米国による「追われる者の恐怖」という集団心理の交差が国際関係に破壊的なリスクをもたらしたという。

では何が中国を驕らせ、米国の恐怖を誘ったのか。それは、西側諸国、あるいは中国自身の想像力さえも遙かに超えた、中国経済の発展プロセスと技術キャッチアップの〈速度〉であったと考えられる。そして本書は、前世紀末に誕生したGVCこそ、中国経済の変化を極限まで加速させた「触媒」であることを論じる。

第4章では、米中デカップリングの推移と、その政治的・経済的含意を示す。「デカップリング」とは、モノ、カネ、ヒト、情報（知識）の国際生産ネットワークが、それぞれ複数のサブ・ネットワークへと分離する現象を指す。これを「米中デカップリング」というように二国間で考えた場合、自国の生産ネットワークの中で、相手国の経済的プレゼンスが、両国で同時に小さくなること意味する。

まず、両国のデカップリング政策ツールを比較照合し、そのアプローチの違いを描出する。続いて、サプライチェーンのデカップリングに伴う様々な経済的リスクやコストを整理し、とりわけ米国による輸出管理ルールの域外適用が国際ビジネス環境へ及ぼす影響について批判的に考察する。最後に、経済地理シミュレーション・モデルを用い、米中デカップリングの世界経済に対するインパクトを計測した分析結果を紹介する。

では、世界経済はこのまま分裂へと向かうのであろうか。第5章では、国際関係論における「安全保障のジレンマ」という分析概念を参照する。それは、コミュニケーションの欠如から国家間の相互不信が増幅するメカニズムを理論的ベースとしている。そこで、冷戦後の米中関係を辿ることにより、今日、両国がこの「ジレンマ」の真っただ中にあることを確認する。そのうえで、GVCが「ジレンマ」のリスク・スパイラルを引きとどめる〈信頼醸成装置〉として機能しうることを述べる。

GVCの信頼醸成装置とはいかなるものか。終章である第6章はこの点を論じ、政策提言へつなげることを目的とする。GVCの信頼醸成は、経済的な取引関係を媒体とした〈企業間の信用ネットワーク〉を基盤としている。そして現在、その実装をもっとも必要としているのがインド太平洋地域である。米中デカップリングの最大の脅威、それは、サプライチェーンの分断が第三国へ波及すること、とりわけインド太平洋地域で地理的に拡大することである。

しばしば「新冷戦」という言葉でも言い表されるように、米中対立はかつての米ソ対立のように世界を二分する危険性をはらんでいる。インド太平洋はそのようなリスクに最も晒されている地域だ。いかにしてデカップリングの飛び火を予防し、地域の安定的な通商システムを維持するか。これが、GVCによる経済安全保障の喫緊の課題である。本書ではこの問題に対し、「ASEANアーキテクチャ」を核とした信頼醸成メカニズムこそが鍵となることを論じる。

GVCも経済安全保障も、多くの分野を横断する広大な研究領域である。今後も様々な知のベクトルを取り込みながら発展を続けていくであろう。不透明な世界情勢を見通す上で、読者が本書から何かしらのヒントを得ていただければ望外の喜びである。

1…原文は "defence, (…), is of much more importance than opulence" (*The Wealth of Nations*, IV. ii.)

目次

はじめに　3

第1章――地政学への接近 …… 17

第6の戦略次元　19
武器化するGVC：SWIFT　22
武器化するGVC：サプライチェーン　24
経済安全保障としてのグローバル化戦略　26
データから見る経済制裁　29
経済制裁のコストと限界　34
有効な経済制裁とは　37

第2章——チョークポイントはどこにあるか……41
生産ネットワークの世界地図 43
サプライチェーンの地理的集中リスク 47
通過頻度指標PTF 52
ハイリスク国：日本、中国 54
米中の相互リスク・ポジション 58
付加価値貿易　世界金融危機以降の展開 61
国際産業連関分析の弱点と今後の展開 66
コラム2-1 生産ネットワークの視角化 68
コラム2-2 サプライチェーンごとの集中リスク指標 73
第3章——中国の驕り、米国の恐怖……79
2つの誤算 81
圧縮された経済発展 84
米中経済対立の原風景 88
ハイテク競争の時代へ 91

国際ルール分断の危険性　95
コラム3　グローバル・バリューチェーン　誕生秘話　99

第4章　米中デカップリングのゆくえ　103
デカップリングとは何か　105
デルップリングの政策ツール　107
米中で異なるデカップリングへの意気込み　113
侮れないデカップリング・リスク　116
域外適用の猛威　119
米国大統領令「米国のサプライチェーンについて」　123
経済安全保障のトリレンマ　126
米中デカップリング、2030年　128
「ヤマアラシのジレンマ」としての米中対立　131

第5章　戦術から戦略へ　135
経済相互依存は戦争を抑止するか　137

米国の対中関与政策 138
中国を変えた世界金融危機 143
変貌を続ける米中の情勢認識 145
2つの転換点、3つの認識様態 148
トゥキディデスの罠から「安全保障のジレンマ」へ 151
GVCの二面性 153
コラム5 囚人のジレンマ 158

第6章 —— GVCによる経済安全保障 …… 159

GVCの信頼醸成メカニズム 161
信頼醸成に立ちはだかる「軍民融合」という壁 164
GVCの信頼醸成装置は「絵に描いた餅」か 166
米国のフレンド・ショアリング戦略 169
フレンド・ショアリングの罠 171
ASEANと「グレーな世界」 173
アジアGVCの信頼醸成 177
ASEANの媒介性 180
信頼醸成の連鎖反応 182

おわりに　187
参考文献　197
索　引　202

第1章

地政学への接近

GVC geopolitics

グローバル・バリューチェーンの地政学

第6の戦略次元

地政学とは、「地理と政治の関係性に焦点を当てた、グローバル・レベルでの政治理論とその実践」（Dittmer and Sharp［2014］引用筆者訳）とされている。その戦略空間は時代とともに拡大・進化を続け、古典的な陸（ランド・パワー）と海（シー・パワー）をめぐる分析軸に始まり、20世紀に入ると、空軍力を中心とした空（エアー・パワー）や、人工衛星・ロケット技術の開発による宇宙（スペース・パワー）といった第3、第4の次元へと大きく展開する。また、サイバー攻撃やハイブリッド戦争などに見られるように、情報通信網の発達が戦略空間の第5次元を生み出したという（細谷［2020］）。そして今日、国家安全保障が経済的枠組みの中で語られるようになり、GVCを新たな戦略次元として捉える流れが生じている。[1]

GVCを地政学における第6の戦略次元として定めるうえで、解決しなくてはならない概念上の問題がある。それは「地理」との関連性である。前述の定義にあるように、古典的な地政学の思考には地理への視点が欠かせない。軍艦が海峡を通過できるか、山間の戦地へ物資を補給できるか、攻撃目標にミサイルが届くか、といった地理的条件が戦術・戦略を左右するからだ。

いっぽうでGVCは国境を越えた取引関係の束にすぎないため、その戦略性は物理的な地理の制約を受けることはない。むろん、海上封鎖によって物流を止め、生産システムを麻痺させるという手段はある。たとえばマラッカ海峡やホルムズ海峡が石油シーレーンのチョークポイント（要所）

となることはよく知られている。しかし、ほとんどの経済制裁は、むしろ取引関係という非物理的な回路を通して相手国に影響を及ぼすことを目指しており、世界地図に描かれてあるような地理的条件との関係は深くない。

またこれはＧＶＣだけでなく、第4、第5の戦略次元である宇宙とサイバー空間においても共通する問題である。「空」については領土に沿って地理的に空間を分割した「領空」があるのに対し、宇宙にはそのような空間分割と国家主権を定義できない。[2]同様にインターネットも地理的な空間性と無縁の世界だ。確かに物理的なサーバーのローカリゼーションや海底ケーブル陸揚局の位置についてはしばしば議論されるが、それも、情報の流れがネットワークのどこに集中しているか、というサイバー・セキュリティの根本的な問題意識に基づくものである。

ここで、政治学者のファレルとニューマンが、経済制裁の効力を決める要因として、制裁実施国が国際ネットワークの中でどれほど中心的な位置を占めているか、という点を挙げたことに注目したい（Farrel and Newman［2019］以下、「ファレル＆ニューマン」）。ネットワーク理論の「ネットワーク中心性」という概念は、ネットワークの特定要素がネットワーク全体に対して及ぼす影響の度合いを示している。様々な数学的定義があるが、なかでも彼らは「次数中心性（degree centrality）」と呼ばれる類型を参照した。これは、ある要素に連結している他の要素の数をもって、その要素の中心性を計る手法である。いわば、その要素がネットワークの中でどれほどハブ的な存在であるか、ということだ。

図1-1　ICT（情報通信）機器産業の需給ネットワーク構造：2017年

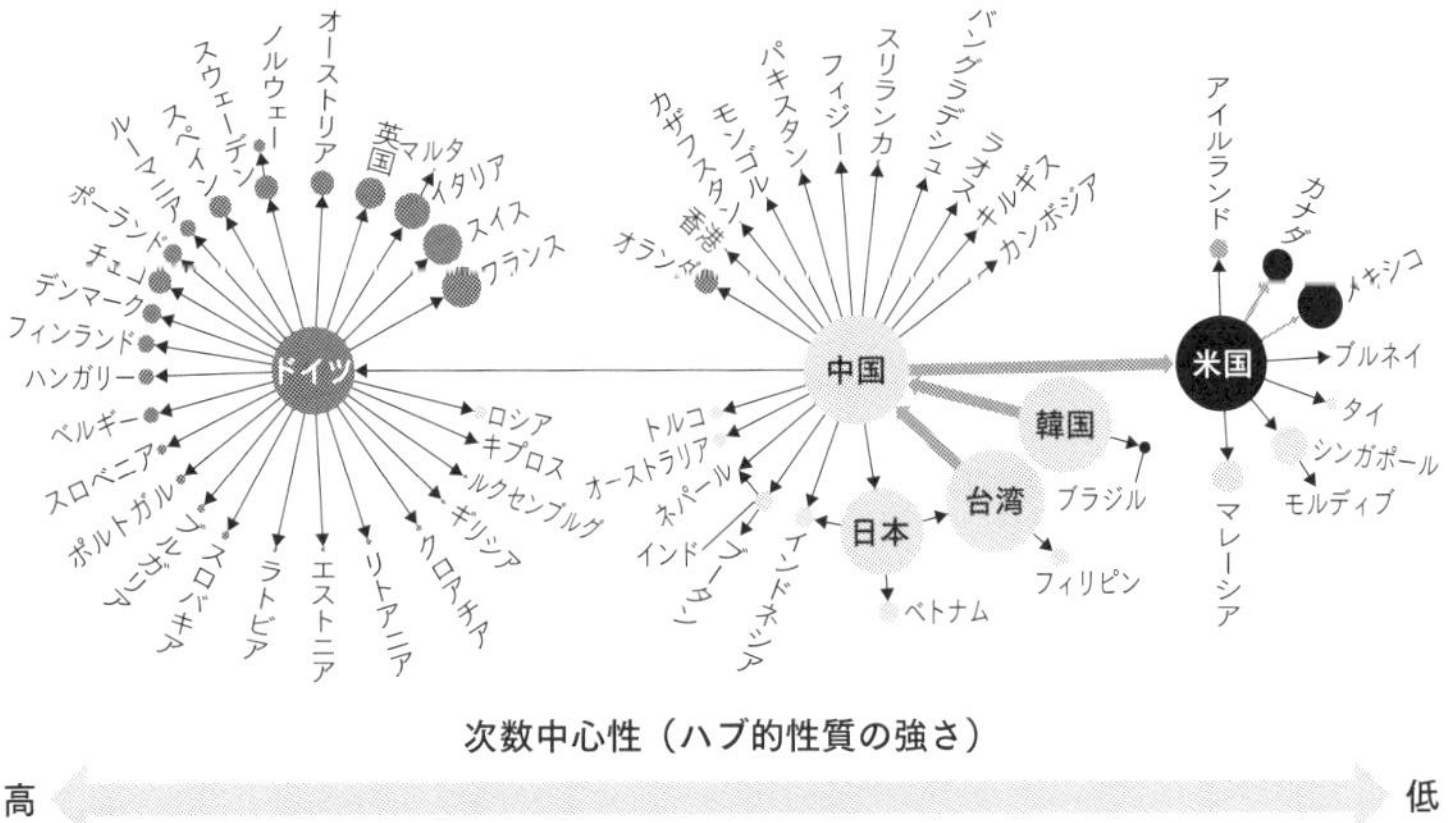

出所：Meng, et al.［2019］をもとに筆者作成。図の作成にあたっては、同論文の共著者であるYe Jiabai氏の助力に感謝する。

経済ネットワークで見れば、取引を通してより多くの経済主体とつながっている企業（あるいはそれが属する国家）ほど、システム全体に対する影響力は大きい。このことから、ファレル&ニューマンは、ネットワークのハブを物理的もしくは法的な支配下に置くことがパワーの源泉になり、その中心性が他の構成要素との関係で非対称的であるほど政策のレバレッジが高まると考えた（図1－1）。

さらに、ネットワーク理論には「距離」の概念がある。これは、ユークリッド空間の物理的な距離ではなく、ネットワーク上で要素間を結ぶ距離、位相空間における距離である。すると、ネットワーク・ハブに対する距離によって、各要素がハブから受ける影響の性質が決まる。中国本土と台湾島の近さを懸念するのと同様の見方が位相空間上で可能なのだ。必要なデータさえ揃えば、ネットワーク理論を用いて取引関係の「地図」を描くことにより、地政学のロジックをGVCへ展開することができるのである（第2章参照）。

武器化するGVC：SWIFT

経済関係が安全保障へ及ぼす影響については、第2次世界大戦中に、政治経済学者アルバート・ハーシュマンによって先駆的研究がなされている（Hirschman［1945］）。ナチスドイツによる東欧支配を主たる参照点とし、二国間、ことに経済大国とその貿易相手国との間の非対称的な経済バランスが、両国間の従属関係を決める主要因であることを説いた。

いっぽう、近年のネットワーク理論に基づく研究は、二国間の貿易関係から国際経済のネットワーク構造へと分析軸を転換させた。ハーシュマンの分析がもっぱら経済大国と小国の関係のみに焦点を当てたのに対し、ネットワーク中心性の概念から読み取れる構造的非対称性は、超大国間のパワーバランスについても多くの含意を放つ。

先述のファレル&ニューマンによる研究は、ネットワーク・ハブを利用した経済相互依存の武器化についてSWIFTの事例を参照している。今般のウクライナ侵攻に対し、西側諸国は協調してロシアの主要銀行をSWIFTから排除した。このことはメディアでも大きく報じられ、また、フランスのルメール経済・財務相はそれを「金融版の核兵器」と強い言葉で表現。SWIFTの武器としての側面が改めて注目された。

ＳＷＩＦＴは「Society for Worldwide Interbank Financial Telecommunication（国際銀行間金融通信協会）」の略称で、１９７３年に創設された国際的なコンソーシアムである。今日、多くの国の銀行をつなぐ決済システムが、日々、大量の国際金融取引を処理している。ＳＷＩＦＴはこの決済のための送金メッセージ（支払指示）を専用回線で伝達する機関である。世界中の商業銀行、中央銀行、中継金融機関の代表によって構成され、このことで送金メッセージの信用が担保される仕組みとなっている。

ファレル&ニューマンはＳＷＩＦＴを用いた経済制裁の機能として、「監視機能（パノプティコン効果）」と「遮断機能（チョークポイント効果）」の二つを挙げている。

まず監視機能について説明しよう。現在、ＳＷＩＦＴには２００以上の国・地域から1万を超える銀行が加盟しており、一日に扱う取引額は5兆～6兆ドルに上るという。この分量の金融取引について、ブリュッセルの本部、あるいは米国バージニア州にあるバックアップ・センターは、その送金元や送金先を瞬時に特定することができる。ことに、２００１年の同時多発テロ以降、米国情報機関がＳＷＩＦＴをテロ資金の追跡に利用している可能性をメディアが報じている。

パノプティコン効果による監視機能の真髄は、むしろその抑止力にある。パノプティコンとは18世紀に考案された刑務所の監視施設のことだ。建物の中央にある監視塔からはすべての囚人を見渡すことができるが、囚人には看守の様子が分からない構造になっている。常に「監視されているかもしれない」という心理が、囚人に逸脱行為を留まらせるようになる。同様に、各国の金融機関は

ＳＷＩＦＴの強力な情報収集・蓄積能力を十分承知しているため、ＳＷＩＦＴの存在そのものがテロ活動への資金関与を抑止する効果を持つのである。

もう一方の遮断機能は、国際取引のフローからターゲット国を閉め出し、その経済に打撃を与える戦術である。ＳＷＩＦＴの場合、そこから排除されるということは、ほぼ、国際貿易の決済ができなくなるに等しく、ターゲット国を禁輸に近い状況に追い込むことができる。過去には２０１２年にイランの核開発疑惑に対してこのカードが切られ、同国の原油輸出は激減した。そして現在、ロシアに対し、資産凍結や国債の取引制限との合わせ技が継続されている。むろん、この遮断機能による懲罰の脅威そのものも大きな抑止力となる。[3]

武器化するGVC：サプライチェーン

国際金融システムと同様、ネットワーク中心性は物理的な製品サプライチェーンを介しても効力を発揮する。ファレル&ニューマンはとくに具体例を挙げていないが、こちらも日々メディアを賑わすケースが少なくない。

まず監視機能について、現在、世界のモノの流れはアマゾンやアリババといったメガ企業の支配下にあり、クラウド・コンピューティングの普及により、顧客情報や電子商取引のデータは一部のグローバル企業へますます集中するようになった。たとえば、世界の商流データ・トラフィックの約７割が、米国バージニア州にあるアマゾンのクラウド・データセンターを経由しているという

(Freed［2016］)。また、ブロックチェーン技術の物流・商流への実装によって、サプライチェーンの様々な階層を貫いたモニタリングが可能になる。

いっぽう、製品サプライチェーンの遮断に関しては事例の枚挙にいとまが無い。我が国においてまず思い起こされるのは、1941年、米国による石油禁輸措置である。日本の南方進出に対する経済制裁として、戦略物資である石油の供給が全面的に停止された。その後、日本は対米開戦へ大きく踏み出すこととなったのは広く知られている。

近年においては、2010年の中国によるレアアース対日禁輸がある。これについては、尖閣諸島沖で中国漁船が日本の巡視船に衝突した事件で、漁船船長を拘束したことに対する報復といった政治的動機を指摘する声があるが、中国政府は関連性を認めていない。

また、特定の企業を対象とした事例もある。2018年、米国商務省は中国通信機器大手ZTE(中興通訊)に対する米国製品の販売を7年間禁止する措置を取った。これにより、ZTEは基幹部品を含む製品を米国企業から直接購入することも、第三国を通じて調達することもできなくなり、同社はしばし経営危機に陥った[4]。

そして現在、とりわけ関心を集めているのは半導体をめぐる世界的攻防である。石油に並ぶ現代の戦略物資として、半導体は様々な製品の中心的機能を担っている。しかし、その生産能力が限られているにも拘わらず、自動車や電化製品のIoT化・高機能化に伴い需要が急増し、多くの産業が深刻な供給不足に直面している。ことに、高性能のチップについては軍事技術にも直結するため、

図1-2　ファーウェイ封殺の仕組み

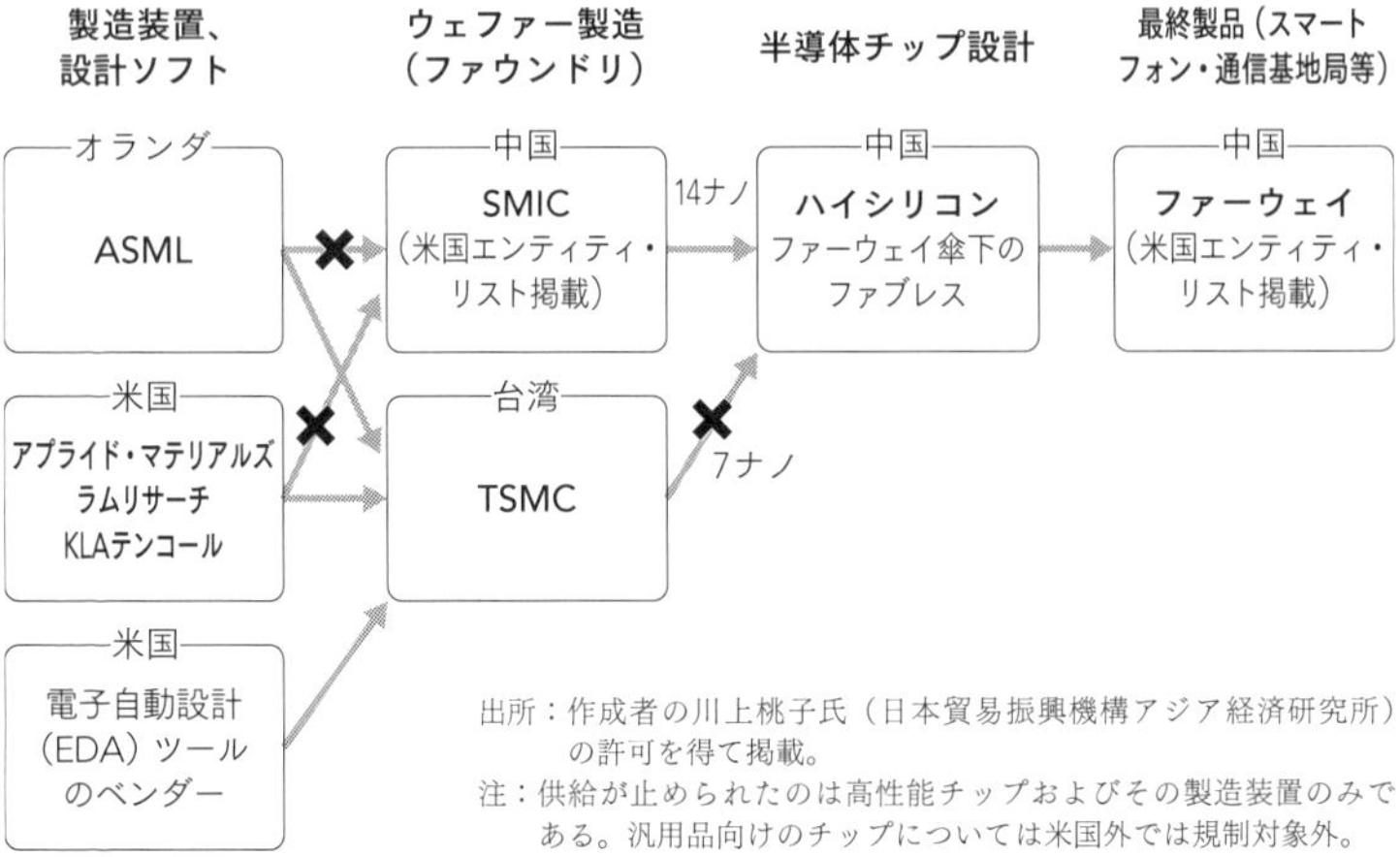

出所：作成者の川上桃子氏（日本貿易振興機構アジア経済研究所）の許可を得て掲載。
注：供給が止められたのは高性能チップおよびその製造装置のみである。汎用品向けのチップについては米国外では規制対象外。

半導体の供給確保は各国で安全保障戦略の中核を占めるに至った。

このなか、米国政府は中国通信機器大手ファーウェイに対し、そのサプライチェーンの分断に乗り出した。まず、ファーウェイのチップ設計を手がける傘下企業ハイシリコンと、その受託製造を担うTSMC（台湾積体電路）との取引を遮断。さらに、オランダや米国の企業が生産する半導体製造装置の、中国系ファウンドリSMICに対する供給を停止させた。この二重措置により、ファーウェイは子会社ハイシリコンの設計による高性能チップの製造を封殺されたことになる（図1―2）。

経済安全保障としてのグローバル化戦略

監視機能にせよ遮断機能にせよ、その効力を決めるのはネットワーク構造である。ネットワークがどこに集中しているか、そして、その中心部と周辺部にどれほどの構造的非対称性があるか。……繰り返しになるが、ネットワーク・ハブの物理的もしくは法的な支配がパワーの源泉なのである。すると、そもそも経済安全保障の問題は、サプライチェーンの中枢機能をいかに支配するか、というGVC研究の基本命題に帰することになる。汎用品の組立加工より、高付加価値製品の研究開発やマネジメントといった役割の方が、生産システム全体に対する影響力は遙かに大きい。先述の半導体をめぐる国家間攻防を考えればこのことは明らかである。すなわち、自国企業の技術力・国際競争力を高め、GVCの中核業務を獲得すること。関連技術の国際標準化やルール作成に関与し、サプライチェーンを制度面から主導すること。対外的なインフラ投資を推進し、各国に生産ネットワークの戦略拠点を配置すること。グローバル人材を引き入れるための制度構築や環境整備を促進すること。そして自由貿易協定の網を張りめぐらし、自国企業の強力なコスト・アドバンテージを確立すること……。こういった民間企業の活力を生かす積極的なグローバル化戦略こそ、経済安全保障への最も有効なアプローチである。

今日、衆目を集めている「デカップリング（分断）」とは、財やサービスの流れを政策的に操作することで、地政学的「懸念国」からの影響を軽減しようとするものである。しかし、貿易制限措置によって自国企業までが必要な部材を妥当な価格で調達できず、国際競争力を落としてしまっては本末転倒だ。また、輸出管理についても、技術漏洩を恐れるあまり、過剰に規制するようなことがあってはならない。むしろ、代替性や模倣可能性の低い製品は積極的に輸出すべきである。有志国・非有志国を問わず、それらを生産システムの深部にまで組み込ませることにより、各国に対して高いレバレッジを効かすことができるからだ。

このことについては、たとえば経営学者ガウワーらは、サプライチェーンの統治戦略として「プラットフォーム」という概念を提唱した（Gawer［2009］）。プラットフォームとは、それに基づいて様々な企業が補完的な製品やサービスを開発・供給するような技術基盤、あるいはそれを内包した製品やサービスのことである。

ＰＣ産業におけるマイクロソフトやインテルなどによって代表されるように、プラットフォーム・リーダーはプラットフォームを開発し、同産業の技術革新を主導する。そして、プラットフォームはそれが組み込まれた製品の機能・性能を画定するため、最終製品の設計構造や他の構成部品の仕様に対して少なからぬ影響を及ぼす。プラットフォーム・リーダーはこの技術的特性を利用し、プラットフォームというモジュールの中身は完全にブラックボックス化しつつ、他の部品とのインターフェースについては積極的に仕様を開示することで、自社製品の補完財を他社に作らせるという戦略を確立した。その結果、プラットフォーム・リーダーはサプライチェーンの中で圧倒的な力を持つことになるのである。

日本では経済安全保障というと、対外依存を減らす、技術漏洩を防ぐといった「守り」の姿勢によるところが大きい。むろん、防御を固めることも重要だ。しかしその一方で、ＧＶＣ支配への積極的な意識を持たない国は、遅かれ早かれ、世界経済の中で脆弱な立ち位置へと追い込まれること

図1-3　経済制裁の主要な実施主体とターゲット地域：2022年

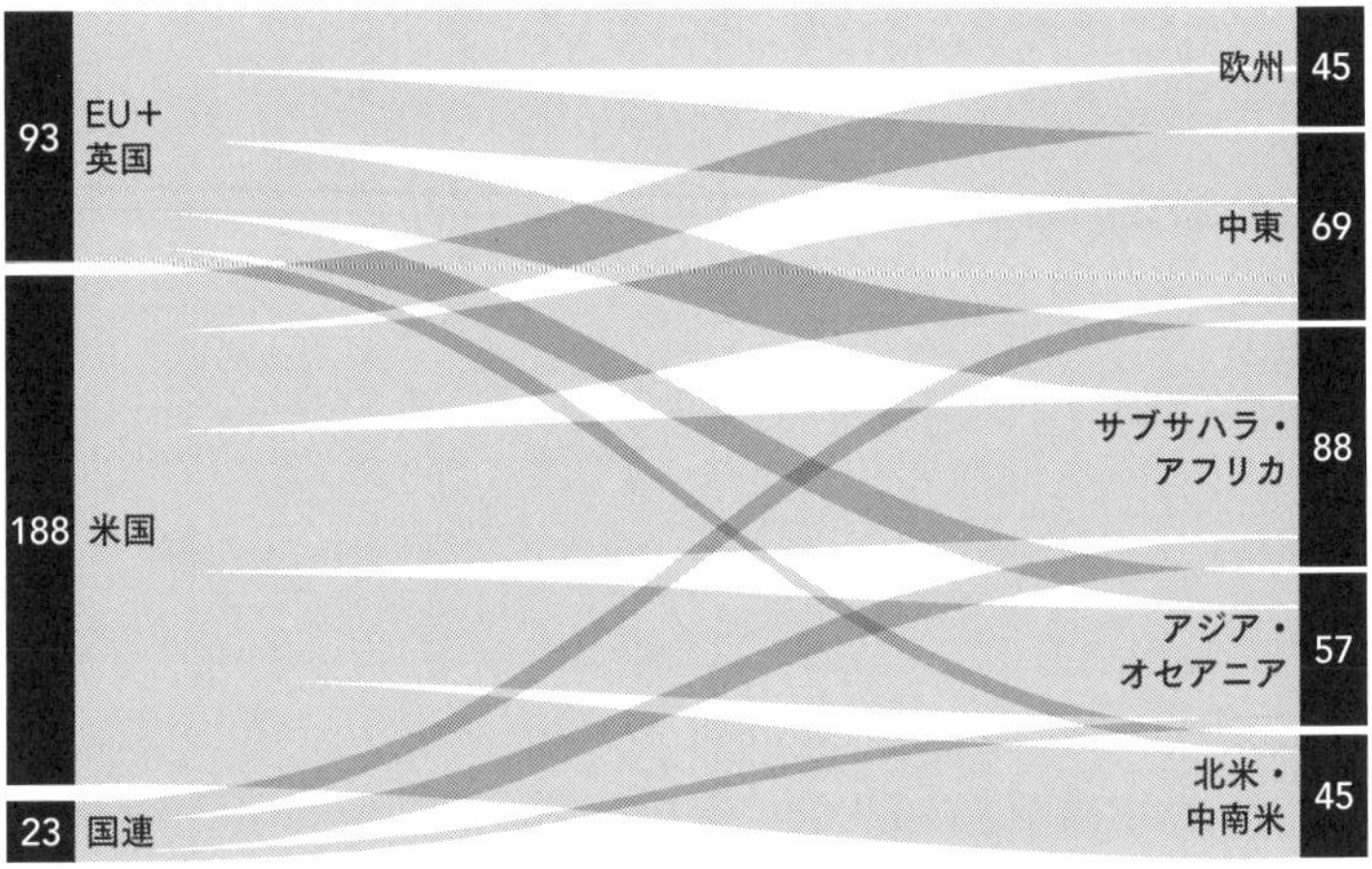

出所：世界制裁データベース（Global Sanction Database）をもとに筆者作成。
注：両端の数字は制裁件数。米国とEUの共同制裁については、双方に1件ずつ計上。

になるだろう。

データから見る経済制裁

図1－3は米ドレキセル大学等の研究チームが作成する世界制裁データベース（Global Sanction Database）[5]をもとに、直近の2022年について経済制裁の実施状況を俯瞰したものである。左側が主要な制裁実施主体である米国、EU・英国、国際連合で、右側が制裁ターゲット国の地域区分、そして両端を結ぶ「帯」の太さによって左から右へ向けられた制裁件数の多寡を示している。

制裁主体の中では米国の発動件数が最も多く、2022年の全世界制裁件数（414件）の半数近くを占めている。またその特徴としては、ターゲット国の地域が比較的均等に分散しており、制裁の矛先がほぼ世界全体へと向けら

表1-1　経済制裁の主要な実施主体とターゲット地域：2012年、2022年

2012年		制裁ターゲット国の地域					
		アジア・オセアニア	サブサハラ・アフリカ	欧州	中東	北米・中南米	総計
制裁発動主体	米国	22(28%)	14 (18%)	4 (5%)	18(23%)	21(27%)	79(100%)
	EU	11(27%)	16 (39%)	5(12%)	8(20%)	1 (2%)	41(100%)
	英国*	0 (0%)	3(100%)	0 (0%)	0 (0%)	0 (0%)	3(100%)
	国際連合	7(27%)	13 (50%)	0 (0%)	6(23%)	0 (0%)	26(100%)
	その他	27(32%)	20 (24%)	6 (7%)	24(29%)	7 (8%)	84(100%)
	総計	**67(28%)**	**66 (18%)**	**15 (5%)**	**56(23%)**	**29(27%)**	**233(100%)**

*サブサハラ・アフリカへの3件の制裁は、EUとは別個の単独制裁。

2022年		制裁ターゲット国の地域					
		アジア・オセアニア	サブサハラ・アフリカ	欧州	中東	北米・中南米	総計
制裁発動主体	米国	40(21%)	51(27%)	22(12%)	36(19%)	39(21%)	188(100%)
	EU	8(17%)	13(27%)	14(29%)	11(23%)	2 (4%)	48(100%)
	英国	5(11%)	13(29%)	9(20%)	14(31%)	4 (9%)	45(100%)
	国際連合	4(17%)	11(48%)	0 (0%)	8(35%)	0 (0%)	23(100%)
	その他	20(18%)	20(18%)	37(34%)	23(21%)	10 (9%)	110(100%)
	総計	**77(19%)**	**108(26%)**	**82(20%)**	**92(22%)**	**55(13%)**	**414(100%)**

出所：世界制裁データベース（Global Sanction Database）をもとに筆者作成。

れていることだ。いっぽう、EUや英国は米州地域への関与が小さく（合計6件）、国際連合にいたっては、同年に対象とした地域は中東、アフリカ、アジアのみである。米国の「世界の警察」といった性格付けが未だ見て取れよう。

また表1－1で、現在の状況を10年前の2012年と比較すると、ターゲット地域の中で欧州のシェア（網掛け数字部分）が大きく増えたことが分かる。これはこの期間、ロシアへの制裁が世界的に拡大したからである。ことにクリミア併合の2014年、ウ

図1-4　制裁件数の推移：1950年〜2022年

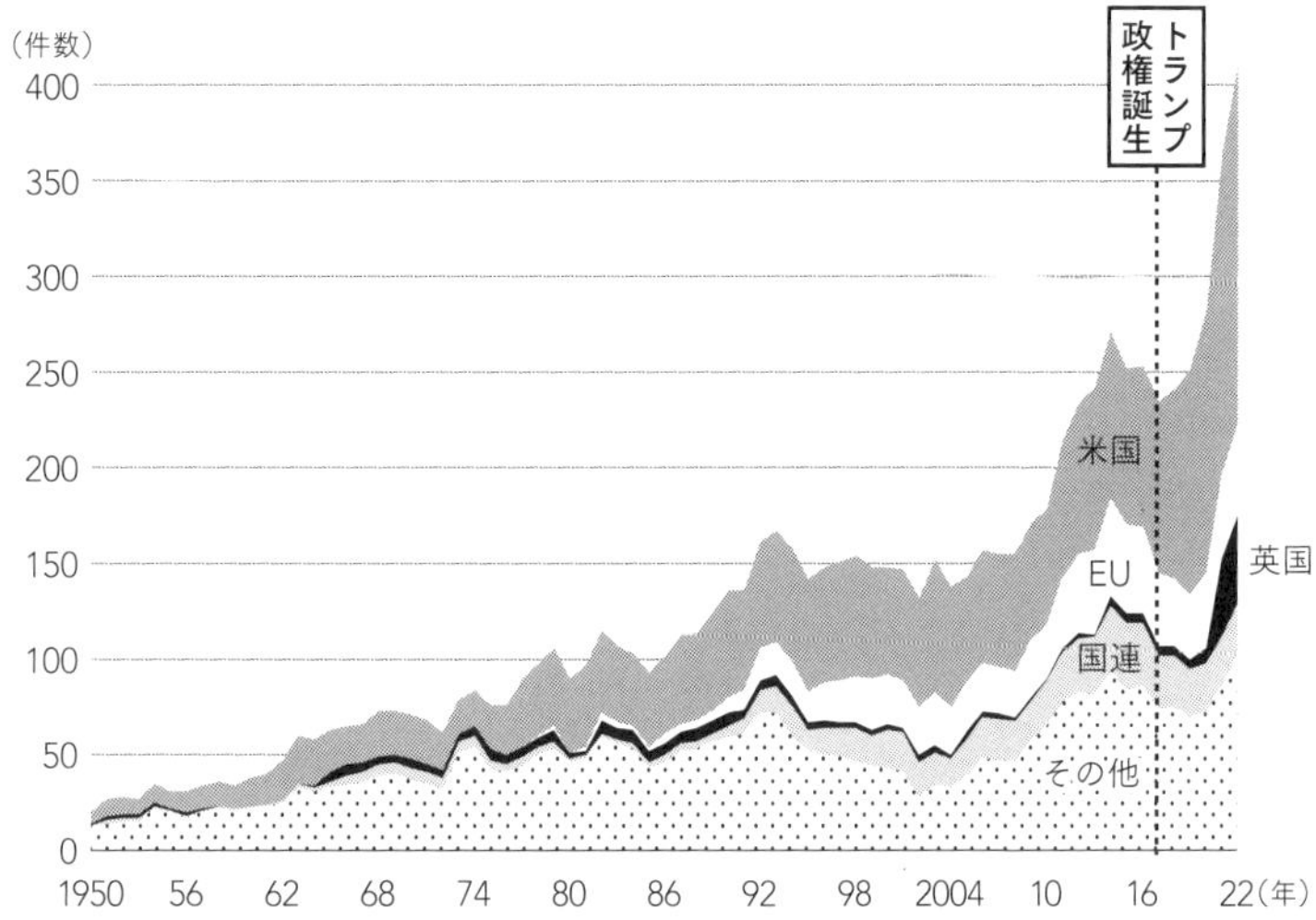

出所：世界制裁データベース（Global Sanction Database）をもとに筆者作成。

クライナ侵攻の2022年に、対ロシア制裁がそれぞれ8件、19件と急増した。

図1－4は1950年以降の制裁件数を制裁実施主体別に示している。米国では2017年のトランプ政権誕生によって件数が跳ね上がった。2021年にバイデン政権へ移行してからもこの増加傾向は続いている（2020年137件→2022年188件）。英国の制裁件数が2020年以降に急増しているのは、EU離脱後も単国で制裁を継続しているからであり、直近の2022年にはEUとほぼ同件数の制裁を発動している。また、21世紀に入り「その他」の地域がシェアを増やしてきた。制裁国側に開発途上国が名を連ねるようになり、制裁実施主体の多様化が進んだことが見て取れる。

図1-5　米国の経済制裁（ターゲット地域別）：1950年～2022年

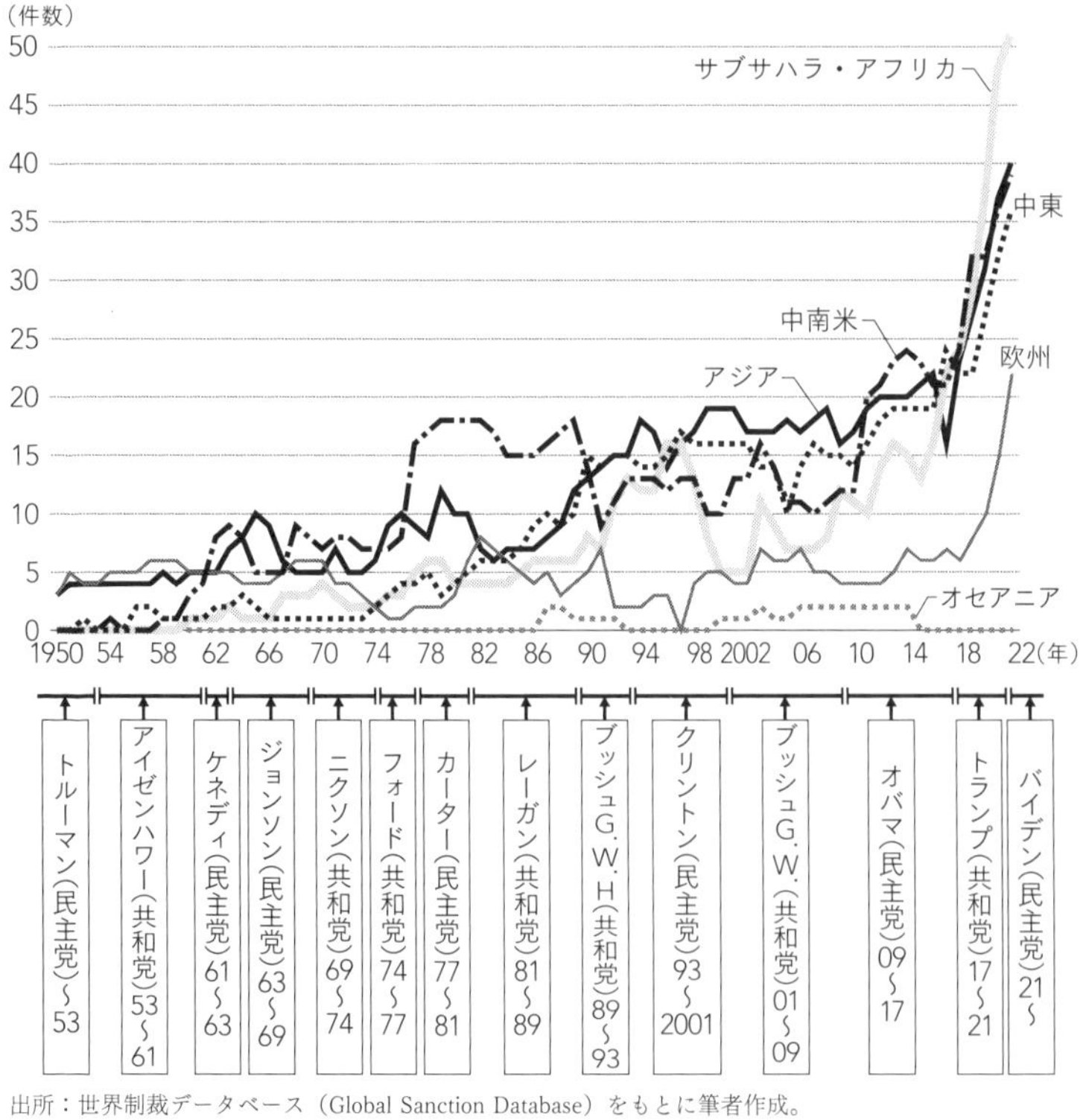

出所：世界制裁データベース（Global Sanction Database）をもとに筆者作成。

続く図1－5と図1－6では米国の経済制裁に焦点をあてた。まず図1－5は、ターゲット地域別に制裁件数の推移をみている。オセアニア以外は総じて上昇傾向にあるが、その中でも中南米やサブサハラ・アフリカに対する制裁件数の変動は激しい。これら地域への制裁が、内戦や軍事クーデターなど突発的な出来事に関連することが多いからであろう。とりわけ、70年代末から80年代にかけては、革命後のキュー

図1-6　米国の経済制裁（制裁ツール別）：1950年～2022年

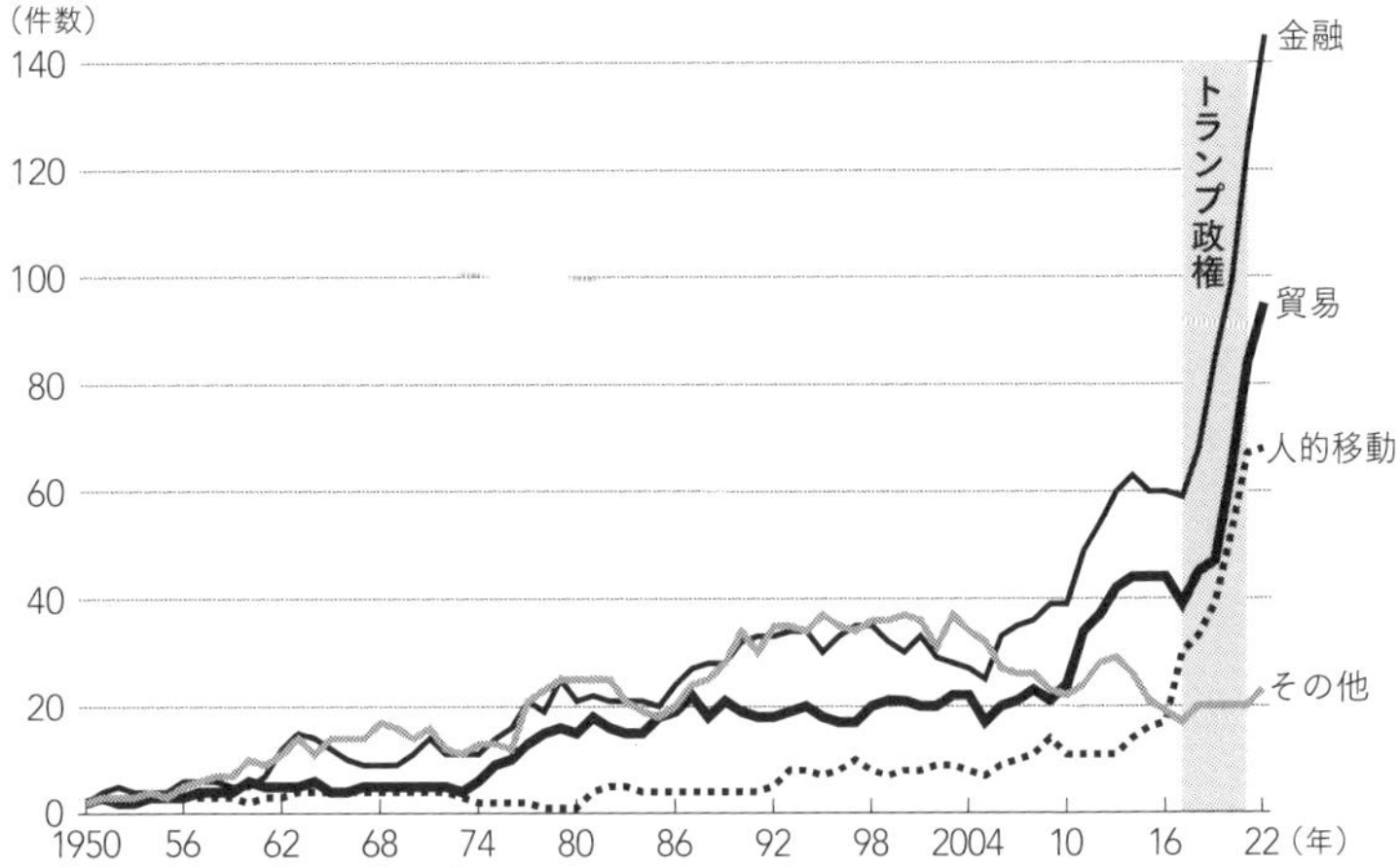

出所：世界制裁データベース（Global Sanction Database）をもとに筆者作成。

バ、ピノチェト政権下のチリ、内戦中のグアテマラ、サンディニスタ革命のニカラグアなど、中南米諸国への関与が際立っている。

最後に図１－６は、米国の経済制裁を制裁ツール別に分けたものである。トランプ前大統領は自らを「タリフ・マン」と称していたが、在任中、経済制裁に最も利用していたのは貿易ツールではなく金融ツールである。また、入国査証の発行制限など、人的移動に関わる制裁も同政権から急増している。

ここでは、ツールごとで経済制裁の影響範囲が異なることに注意を向ける必要がある。禁輸措置はターゲット国の経済全体を対象とする。そのため一般市民の窮乏化を招き、ことに途上国についてはしばしば人道的な問題を引き起こしてきた。これに対し、資産凍結などの金融制裁は個人あるいは企業単位でターゲットを定めることができるので、国家エリートに的を絞った「より精度が高い」制裁が可能となる。近年、人的移動に関わる制裁が増えているのも、同様に対象を絞り込む必要性への認識が高まっているからである。

経済制裁のコストと限界

データでも示された通り、米国は制裁実施国のなかで圧倒的な位置を占めているが、同国で経済制裁が選ばれやすい理由として、それに代わる「妥当な手段」の欠如が指摘されている。

武力行使はターゲット国に対する強制措置として最も直接的な関与の仕方である。しかし、軍隊の現地投入は高い政治責任を伴うので政治家からは忌避されがちだ。ことに米国は、アフガニスタンやイラクでの経験から軍事行動へは慎重な姿勢を取り続けている。

いっぽう、経済援助など報奨的な手段を用いた相手国の取り込みについては、その効力に疑念を挟む声が多い。たとえばこれが、独裁体制の権威主義国家であれば、中央の一存で多額の予算を援助外交へ振り向けることができる。しかし米国のような民主国家では、議会での予算審議やフィージビリティ調査など様々な国内手続きを経る必要があるため、政策の機動性が極めて低い。また米国はOECD開発援助委員会（DAC）のメンバーでもあるので、一定のガイドラインに基づき、人権問題や民主化の遅れが目立つ国に対しては関与が制限される（田所［2020］）。

すなわち米国では、これら飴（経済外交）と鞭（武力行使）のいずれも積極的な実施を促す動機に乏しく、それらの程よい中間に位置する経済制裁が「取りあえずの一手（“Policy of first resort”：Drezner［2021］）」として選ばれているという。

しかし、その実践には様々なコストが伴う。

まず、相手国への攻撃が自国へ跳ね返ってくることが考えられる。相手国が窮乏化すればその国への輸出が減り、自国の雇用や経済成長にマイナスの影響が及ぶ。あるいは、その国がデフォルトを起こせば自国のバランスシートが毀損し、金融システムが不安定化するかもしれない。

GVC研究においては、しばしば「自分のつま先を撃つ（shoot your own foot）」といった言い回しをする。相手に向けて放ったつもりの銃弾が自分自身を傷つけるということだ。たとえば、2006年に欧州委員会が発動した中国製とベトナム製の靴製品に対するダンピング相殺関税は、逆に欧州域内の靴デザインや流通などサービス産業に大きなダメージを与えたことが知られている。

また、経済制裁は相手国に対する強制措置であり、外交上の敵対行為と見なされる可能性がある。したがって、実施にあたっては相手国から同様もしくはそれ以上の報復を受けるリスクを想定する必要がある。さらに、相手国の国民に敵対感情が生じ、製品ボイコットや国際交流の断絶へ波及することもあるだろう。

いっぽう、経済制裁の効果については様々な要因の影響を受けるため、生産ネットワークにおける自国・相手国の立ち位置と、ネットワークの全体構造を慎重に見極める必要がある。禁輸などの制裁では、供給を停止する製品がターゲット国の経済にとって必要不可欠かつ代替困難であることが重要だ。

同時に、第三国からの後方支援（バックフィル）を遮断できるか否かも戦術の有効性を大きく左右する。たとえば、60年代初頭に米国が隣国キューバへの禁輸に踏み切ったとき、ソ連がキューバ政権を援助したことが制裁の効力を著しく弱めることとなった。

キューバの事例は同盟国による政治目的のバックアップであるが、経済的理由から制裁破りが起こることもある。政策介入によって市場メカニズムが歪み、制裁の内外で商品に価格差が生じるからである。今般、ロシア産の石油・天然ガスに対する禁輸措置はエネルギー関連商品の国際価格を高騰させたが、インドなど制裁措置の外側にいる国がロシアから石油・天然ガスを低価格で大量購入した。さらに、もしこういった制裁破りが一部の制裁実施国による「抜け駆け」という形で行われた場合、協調制裁の枠組みそのものが崩れてしまう。

また、攻撃を受けた国は防御策として代替手段の開発へ向かう可能性がある。たとえば中国のレアアース禁輸に対し、日本企業は技術代替やリサイクルの推進、そしてベトナムやカザフスタンなど中国に代わる生産国との提携を進めることで供給源の分散を図った。ロシアや中国もSWIFTに依存しない国際決済システムを開発中である。現在は国際基軸通貨として不動の地位を保つドルも、米国がドル決済からの締め出しを対立国に乱発すれば、いずれはその国際信用が揺らぐことになるかもしれない。実際、中国はデジタル人民元の開発を急ピッチで進めており、「一帯一路」の人民元化を目論んでいる可能性がある。[6]

表1-2　経済制裁の成功／失敗：1950年～2022年累計

制裁目的	成功	部分的成功	協議和解	失敗	合計
政策変更	70（43%）	17（10%）	13 （8%）	64（39%）	164（100%）
政権への揺さぶり	19（25%）	15（19%）	5 （6%）	38（49%）	77（100%）
領土紛争	18（31%）	4 （7%）	13（22%）	24（41%）	59（100%）
戦争の回避	41（46%）	11（12%）	6 （7%）	31（35%）	89（100%）
テロリズム	7（14%）	7（14%）	3 （6%）	33（66%）	50（100%）
戦争の終結	68（51%）	16（12%）	12 （9%）	38（28%）	134（100%）
人権問題	101（42%）	65（27%）	16 （7%）	57（24%）	239（100%）
民主化	155（61%）	66（26%）	11 （4%）	24 （9%）	256（100%）
その他	47（50%）	7 （7%）	9（10%）	31（33%）	94（100%）
合計	**526（45%）**	**208（18%）**	**88 （8%）**	**340（29%）**	**1162（100%）**

出所：世界制裁データベース（Global Sanction Database）をもとに筆者作成。
注1：複数の目的を持つ制裁については目的ごとに個別に計上した。
注2：「協議和解」とは、当初掲げられていた目的の達成いかんによらず、取り敢えず対立を回避したケースを指す。

つまり、相手国の対応次第で、制裁発動国はネットワーク上の切り札を失い、結果的に自国の抑止力を大きく損なうことになる。さらに、それがサプライチェーンや金融システムの分断へと進展すれば、図らずも相手国を対立陣営へと追いやることにもなりかねない。政策当局は、経済制裁が紛れもない両刃の剣であることを強く認識すべきである。

有効な経済制裁とは

では実際のところ、経済制裁はどれほどの効果を生み出しているのであろうか。再び世界制裁データベースを用い、過去のケースについて目的別に達成度の評価を集計すると、表1―2の通りとなる。評価については、政府公告や国際的なメディア会見における公式発表等をもとに、「成功」「部分的成功」「協議和解」「失敗」

へと仕分けられている。

表の結果から、制裁目的によって成功率が異なるものの（テロ対策は66%が「失敗」）、全体として成功を収めたケースは半分にも満たないことが分かる。

このように、経済制裁は様々なコスト・制約・不確実性を伴う政策である。しかし、やり方次第ではそのようなマイナス面を抑えこみ、効果を引き上げることは可能だ。Drezner［2021］が挙げた5つのポイントを整理しよう。

1．制裁はここぞという時に発動し、乱用を避ける。前述したように、経済制裁はターゲット国（もしくは潜在的敵対国）を代替手段の開発へと向かわせるので、乱発するとその効果が次第に薄れていく。あるいは非制裁国の指導層や国民が制裁の効果に慣れてしまい、それが常態化することがある。そうなれば、もはや制裁圧力によって政権の方針を転換させることは不可能だ。そもそも、最も優れた経済制裁のあり方は、発動しなくともその抑止力だけで相手国の行動を制御するものである。

2．いっぽう、発動頻度が低すぎると制裁実行への意思を相手国に疑われ、これもまた抑止力を損ねることになる。これについては、制裁発動を制度化することによって対処可能である。相手国がどのような行動を取ったときに制裁へ踏み込むかといった発動条件を法政令で定め、事前の制度的コミットメントによって制裁実行の信憑性を担保するのである。また、恣意性を排除した手続きの透明化は、制裁の正当性に対する他国の理解を促すことになる。

3．制裁の目的および相手国への要求事項を明確にする。ことに、制裁が相手国の弱体化を目指したものでない場合は、制裁解除の条件を明示しなくてはならない。制裁解除のプロセスが曖昧だとターゲット国が要求の受け入れを躊躇する可能性があるからだ。また、自国の企業や金融機関に対しても、制裁解除条件の明確化はビジネスでの過剰なリスク回避行動を緩和することにつながる。

4．同時に、制裁の効果について定期的なレビューを実施することが望ましい。ことに、ターゲット国における人道面への影響など、制裁の正当性に関わる点については注意が必要だ。あるいはサンセット条項によって、一定期間の経過後、制裁の継続を審議することを制度的に義務づけることも可能である[7]。

5．単独制裁ではなく、できるだけ他国を巻き込んだ多国間による協調制裁を目指すべきである。これは、たとえば南アフリカ共和国のアパルトヘイト政策に対する国連制裁のように、制裁の効力のみならず正当性も高めることにつながる。

経済制裁ツールとしての機能ゆえ、GVCの政策的利用には当局による強い節度と高度な判断力が求められる。GVCは、原子力やバイオ技術と同様に、使い方によっては国際社会に対する貢献にも脅威にもなり得るのだ。その危うさを十分に理解したうえで世界経済と関わることを、我々は考えていかなくてはならない。

1…このような分析視点を一つの独立した学問として「地経学（Geo-economics）」と呼ぶ動きもある。

2…「宇宙条約（Outer Space Treaty）」は月及び天体の領有権否定や、地球周回軌道への兵器配備などについて定めているが、実際、宇宙に関する国際的なルール作りは進んでいない（鈴木［2020］）。

3…ただし、ロシアや中国は独自の決済システムを開発しており、SWIFTだけで国際金融取引から完全に閉め出せるわけではない。また、金（ゴールド）取引や暗号資産による抜け道も指摘されている。

4…後日、10億USドルの課徴金支払いによって制裁解除の合意が成立した。

5…このデータには貿易制裁や金融制裁と併せて、件数としては多くないものの、武器禁輸・軍事協力停止といったケースも含まれている。近年、軍民両用の製品や技術が増え、また「軍事ユーザー」の特定が難しくなってきたことから、通年でのデータ整合性を図るため、本書の分析ではこれらも経済制裁の対象に含めている。データの詳細はKirilakha et al.［2021］を参照。

6…むろん、他の通貨が米ドルに代わって国際的な基軸通貨となるようなことは現実的ではない。ドルは米国の圧倒的な経済力、政治力、軍事力を基盤とした通貨である。米国金融市場の流動性や厚み、そしてドルを基軸通貨として維持するという米国当局の意思がその価値を支えている（経済産業研究所［2022］）。ここではあくまでも、その経済制裁上の効力が揺らぐ可能性を指摘したまでである。

いっぽう、基軸通貨はいわば国際社会の「公共財」であり、それを金融制裁の武器として使うには、制裁自体に相応の公共性（国際法違反や反人道的行為への対抗など）を問う必要があるだろう。

7…制裁をレビューするうえで、そのアウトプット（結果）とアウトカム（効果）を取り違えないことが重要だ。たとえば対イラン制裁において、ポンペオ元米国務長官は米国の措置を「非常に効果的」と評価した。そしてその理由として、イランが通貨危機に陥り、急激なインフレに見舞われていることを挙げている。しかし、制裁の目的はイラン国民をインフレで苦しめることではない。政権の核開発を引き留めることであるはずだ。Drezner［2021］はこれを、ベトナム戦争において米国参謀本部が敵兵の死亡数を戦果として挙げることと同様の誤謬であると断じている。

第2章

チョークポイントはどこにあるか

GVC geopolitics

グローバル・バリューチェーンの地政学

生産ネットワークの世界地図

「GVCの地政学」では、ネットワーク中心性をパワーの源泉と考える。前章ではSWIFTという金融ネットワークのハブが経済制裁の道具となる事例を紹介した。SWIFTによって、様々な国際金融取引の情報を一元的に記録管理し、また、その流れを遮断することができる。現代の金融システムにおける究極のチョークポイントだ。

では、モノのネットワークについてはどうか。世界をめぐるモノの流れをいかにして把握し、その中心点を炙りだすのか。

まず思い浮かぶのが通関統計を用いた分析である。国際連合統計局が作成する「国連商品貿易統計データベース（UN Comtrade）」は、国連加盟国約200カ国を対象とし、統計分類としては最も細かなレベルで財の国際取引を記録している。また、データは月次で公開されており利便性が高い。ただし、製品の流れを越境のポイントだけで捉えるので、各国内での需給経路を追跡できないという限界がある。生産者から最終消費者まで、ネットワーク全体の構造をエンド・ツー・エンドで描くには甚だ不十分だ。

世界的なモノの流れを捉えるのに最も適したデータは国際産業連関表である。それは、様々な製品の国際取引に関する詳細な見取り図であり、各製品の生産工程を、国境を越えてトレースすることができる。[1]

図２－１は、参考事例として、東アジア諸国と米国の国際生産ネットワークを『アジア国際産業連関表』の情報から視覚化したものである。ここでは、国際生産分業の発展期にあたる１９８５年のプラザ合意からリーマン・ショック前の２００５年までを切り取って例示した。この図に沿って、域内ネットワークの形成過程を振り返ってみよう。

矢印は中間財の主要なサプライチェーンに対応し、その太さは国間・産業間の連結強度を表している。そして、背景にある波紋との対比で測られる矢印の長さは、サプライチェーンの生産工程数、すなわち産業間の経済的「距離」を示す。前章で触れた、ネットワーク理論による距離の概念がここで用いられている。すなわちこの図こそ、「ＧＶＣの地政学」が描く世界地図なのである（章末コラム：「生産ネットワークの視覚化」参照）。

１９８５年における域内ネットワークへの主要な参加国は、インドネシア（Ｉ）、日本（Ｊ）、マレーシア（Ｍ）、シンガポール（Ｓ）のわずか４カ国だった。ここでは、インドネシアやマレーシアなどの資源国から、日本がサプライチェーンを引き寄せるというのがネットワークの基本構造となっている。この地域発展の初期段階において、日本は東アジアの近隣諸国から大量の生産資源（天然資源）を輸入して国内産業へ投入した。

１９９０年までには、日本の中間財サプライチェーンが韓国（Ｋ）、台湾（Ｎ）、タイ（Ｔ）へと展開し、域内ネットワークへの主要な参加国・地域が急増した。当時もまだインドネシアやマレーシアの生産資源に依存してはいたものの、日本は他の東アジア諸国、なかでもＮＩＥｓ（新興工業

図2-1　域内生産ネットワークの発展：1985～2005年

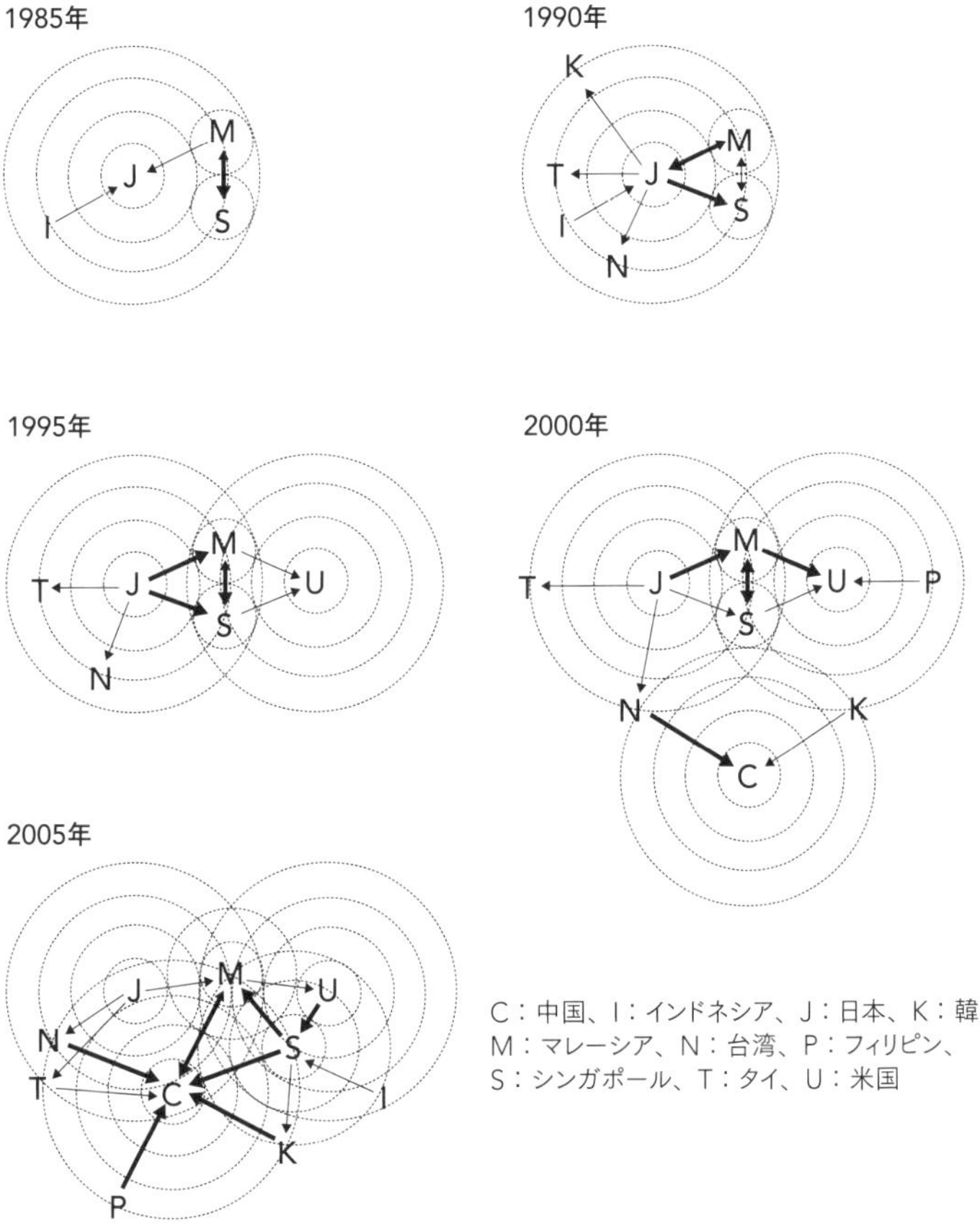

C：中国、I：インドネシア、J：日本、K：韓国、
M：マレーシア、N：台湾、P：フィリピン、
S：シンガポール、T：タイ、U：米国

出所：猪俣［2019］

経済地域）に中間財を供給し始めた。これは、1985年のプラザ合意に端を発し、日本企業が生産拠点を次々と近隣諸国へ移転した時期にあたる。すなわち、海外進出企業と国内の中核部品サプライヤーとの間に強い連関が生み出され、それが域内ネットワークの急速な拡大につながったことが考えられる。

1995年になると米国（U）が域内ネットワークに登場し、日本発、マレーシア／シンガポール経由の二つの主要なサプライチェーンを構築した。マレーシアとシンガポールは東アジアと米国の間のサプライチェーンを橋渡しする役割を担っている。また、これらの国を互いに結ぶ矢印の長さにも注目したい。他の矢印よりも短い両国間の矢印は、そのサプライチェーンに含まれる生産工程数が少なく、財の加工の程度が相対的に低いことを示している。

中国は、WTO加盟の前年にあたる2000年に、域内第三の経済大国として台頭した。韓国および台湾との強い生産連関を伴って立ち現れ、その後、後者を通じて日本のサプライチェーンに加わった。米国もフィリピン（P）を起点とする新たなサプライチェーンを構築している。ここに至り、東アジア・米国経済圏における米・日・中「三極」生産システムの基本構造が完成した。

その後の域内生産ネットワークは劇的な変化を遂げる。2005年までにネットワークの中心は中国に移行し、米国と日本は周辺部へと追いやられた。中国はアジア製中間財の中核市場となり、それらを用いて先進国へ向けた最終消費財を大量生産した。「ファクトリー・アジア（Baldwin［2014］）」が中国をハブとした生産ネットワークへと明確に構造化されたことが確認できる。

サプライチェーンの地理的集中リスク

すべての卵を同時に一つの籠へ入れるな、といった比喩でしばしば語られるように、リスク分散は経済学や経営学のなかでも重要な概念とされている。ことに近年、企業経営者や政策立案者の間で懸案となっているのが、不測の事態に対し、サプライチェーンをいかにして防御するかという問題だ。国際生産分業の進展に伴い、サプライチェーンの効率的な編成が突き詰められた結果、生産拠点が一部の地域へ極度に集中するような状況が生み出された。東日本大震災やタイの洪水、リーマン・ショック、サイバー攻撃など、モノの流れ、カネの流れ、情報の流れがネットワークの一点に集中し、そこが「急所＝チョークポイント」となって大きな被害へとつながった事例がいくつも思い起こされよう。生産ネットワークの地理的集中は、それ自体が確率論的なリスクを伴うものである。さらに、政治的に対立する国々への過度な経済依存は、地政学的リスクにまで発展する可能性がある。

そこで以下では、GVCの構造的な依存関係を探るため、サプライチェーンの地理的集中度指標を紹介する。

一般的に集中リスクには二つの側面が想定される。一つは対象から受ける影響の「量（volume）」、もう一つはその「頻度（frequency）」である。たとえば、家族がウイルスに感染するリスクについて考えてみよう（図2－2(a)）。家族全員で危険地域へ行けばむろん感染リスクは高くなる。いっ

図2-2　リスク分析：量 vs 頻度

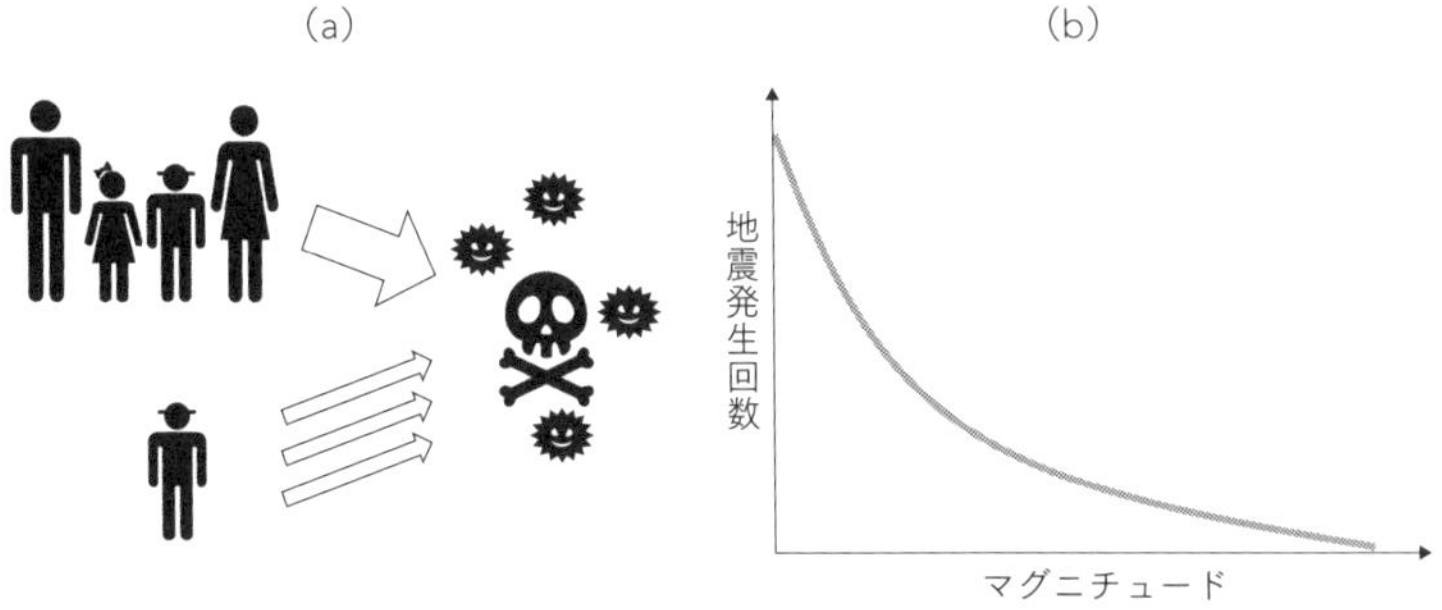

出所：猪俣［2021b］

ぽう、たとえ一人だけしか行かなかったとしても、その一人が何回もそこへ足を運べばやはり感染リスクは高まることになる。あるいは、より具体的な対照事例として、地震研究の分野ではマグニチュード（規模）と発生頻度との間の関係性が分析されている（図2－2(b)）。

このことをGVCの文脈で捉えなおすと、図2－3の通りとなる。すなわち、ある製品が特定の国を源泉とする付加価値を大量に含んでいる、あるいは、その製品のサプライチェーンが、上流から下流への生産工程のなかで、特定国の産業と頻繁に需給関係を結んでいる、といった場合、そのサプライチェーンは当該国のカントリー・リスクに大きく晒されていると考えることができる。

では、サプライチェーンの地理的集中リスクを、いかにしてこれら量と頻度の二軸で評価するのか。

まず、量的な集中リスクの計測には、GVC研究の中核をなす付加価値貿易（Trade in value-added: TiVA）の指標を用いる。今日における生産活動は、多くの国の産業を取り結

図2-3　2つのサプライチェーン集中リスク

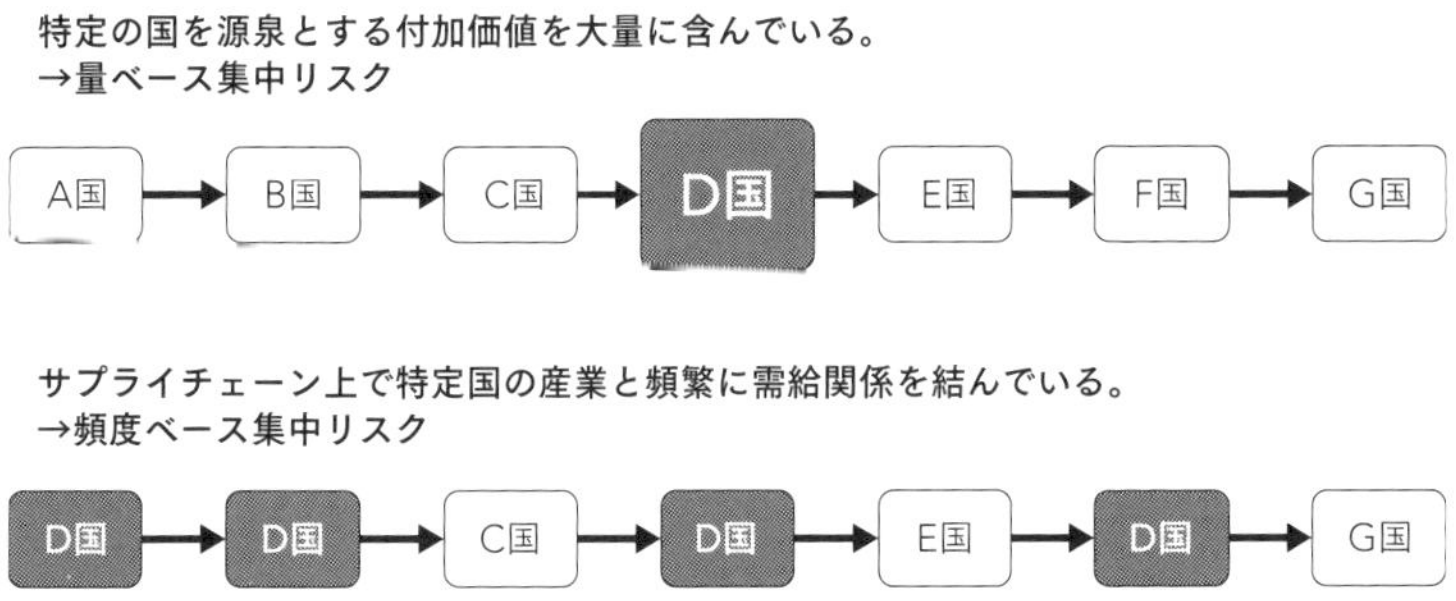

出所：筆者作成。

んだ需給ネットワークによって成り立っている。そして、各工程での生産活動により様々な国の様々な産業で付加価値が生み出される。それは、最終組立工程における作業員や産業用ロボットへの支払い対価に限らず、部品・付属品を生産する活動、それら部品の素材を生産する活動、その活動を支える活動、といった無限の連鎖の中で蓄積されてゆく。すなわち、われわれ消費者が手にするモノの一つひとつは、これら各国各産業で行われた仕事への対価（付加価値）の総体として見ることができる（図2－4）。

付加価値貿易指標は、国際産業連関表を用い、このような「価値の総体」としての製品をその生産工程ごとに分解し、各工程において付加された価値の国際的な流れを計測したものである。

図2－5の仮設例で、日本で生産されたエンジン（単価160）とマレーシアで生産されたタイヤ（単価10）が、タイで完成車に組み立てられ（単価300）、最終消費地である米国へ輸出されるというケースを考えよう。この生産シス

図2-4　付加価値総体としての最終製品

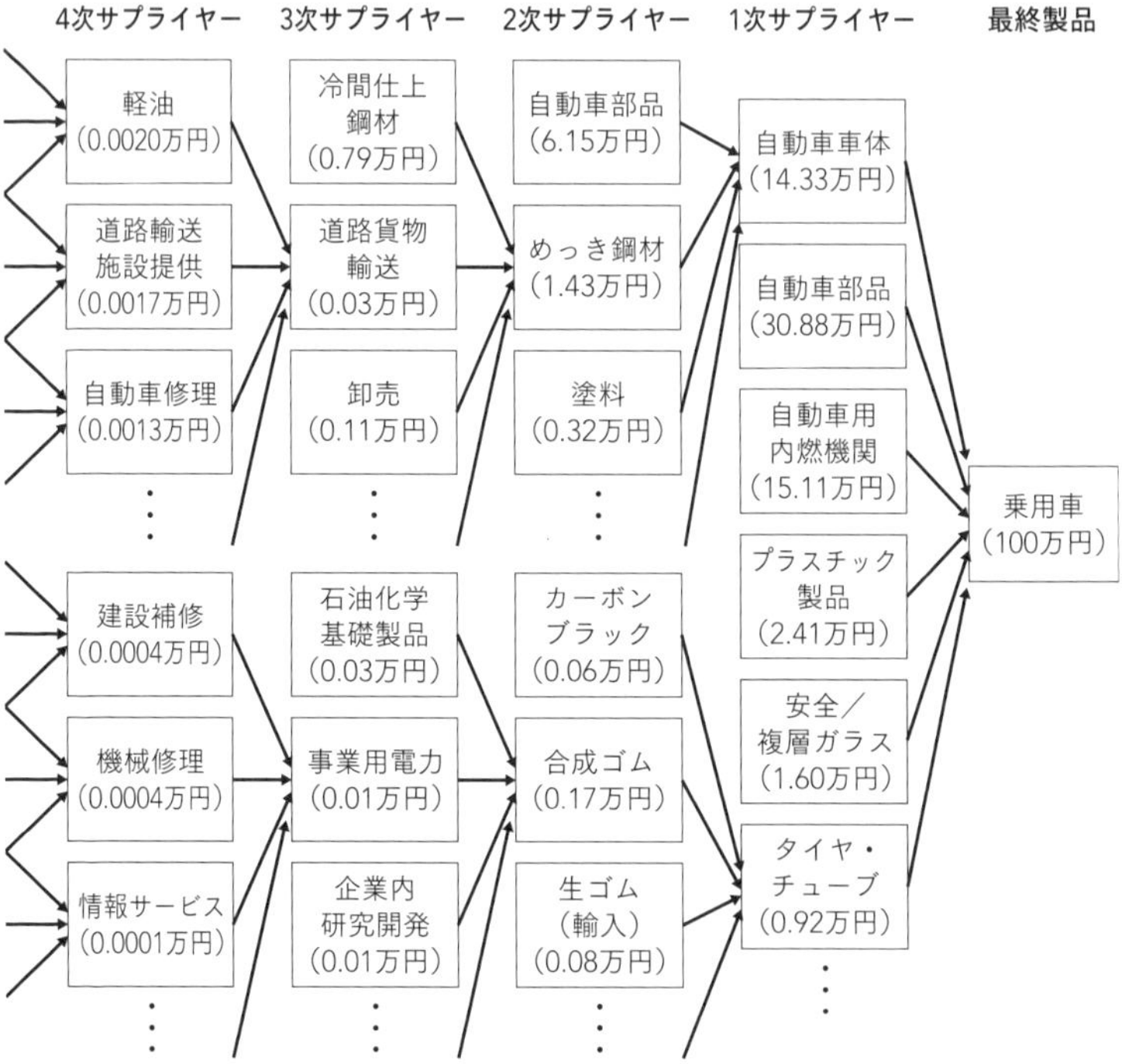

出所：筆者作成。

テムにおいては、まず、日本からタイへの輸出でエンジンの価値160、マレーシアからタイへの輸出でタイヤ4個分の価値40がそれぞれタイの通関統計（輸入）に記録される。そして、タイから米国に完成車が輸出されるときは、その価値300がさらに米国の通関統計（輸入）に積み上げられる。

ところが、完成車の単価300は、日本やマレーシアで生産されたエンジンとタイヤの価値を既に含んでいるので、米国市場に行き

図2-5　付加価値貿易の計測

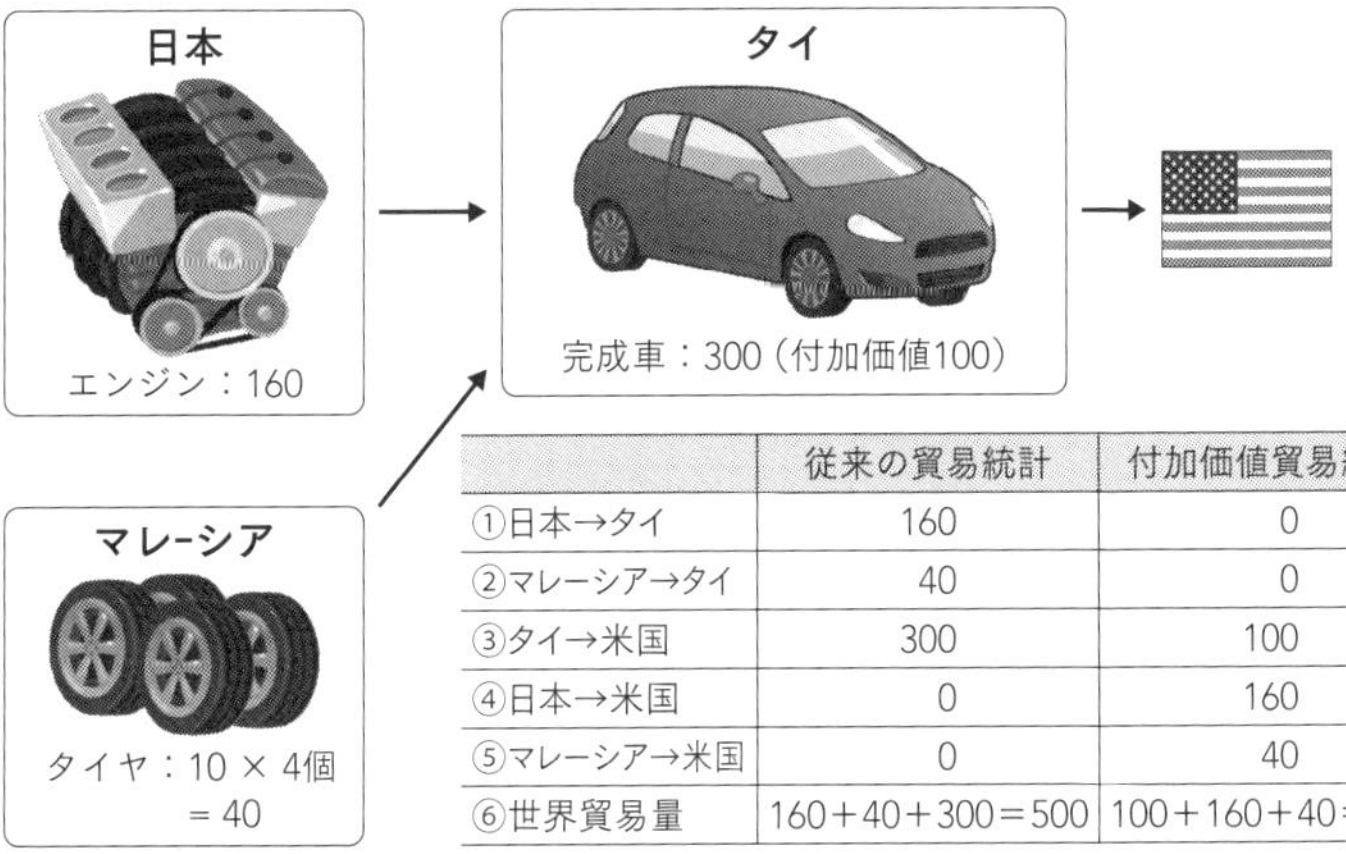

	従来の貿易統計	付加価値貿易統計
①日本→タイ	160	0
②マレーシア→タイ	40	0
③タイ→米国	300	100
④日本→米国	0	160
⑤マレーシア→米国	0	40
⑥世界貿易量	160＋40＋300＝500	100＋160＋40＝300

出所：猪俣［2019］

着くまでの間に、これら部品の価値が通関統計で2度（タイへの輸入で1回、米国への輸入で1回）計上されることになる。グローバルな貿易量で見た場合、これはまるで、米国の消費者は2つのエンジンを搭載した8輪の自動車に乗っているというような、奇妙なイメージになるのである（貿易統計の「多重計算問題」と呼ばれている）。

そこで、従来の貿易統計では、タイから米国へ向けた完成車の輸出が部品や原材料の価値を含んだ形で記録されるのに対し、付加価値貿易のアプローチでは、純粋にタイで発生した価値のみを考慮する（図2－5 表中③）。その結果、米国の輸入相手国は、タイに加え、従来の貿易統計では交易関係のなかった日本とマレーシアもその対象となる（表中④と⑤）。また、全体としての貿易量も、完成車の価値と同じになる（表中⑥）。

このように、付加価値貿易指標は、各国の製品にどの国のどの産業の付加価値がどれほど含まれているかを数値化している。したがって、付加価値源泉の国別シェアを見ることにより、各製品について、そのサプライチェーンの地理的集中度・依存度を量的な側面から捉えることができる。

通過頻度指標PTF

次に、サプライチェーンの地理的集中リスクを「頻度」という軸で考える。前述した付加価値貿易指標は、どの国のどの産業で生み出された付加価値が、どの国のどの産業の最終財へどれほど組み込まれているかという、サプライチェーンの始点と終点の関係性を描出したものだ。しかし、製品に体化された付加価値は、最終財に組み込まれるまでの間、様々な国の様々な産業を経由する。ことに、地理的リスクということを考えれば、サプライチェーンが特定国の産業を通る生産経路をいくつも持っているとなると、そのカントリー・リスクに大きく晒されることになる。

そこで、ある製品のサプライチェーン上に、「ハイリスク国」とされた国の産業部門がどのくらいの頻度で登場するのか、という視点で地理的集中リスクを定義する。たとえば図2－6のように、C国をハイリスク国とし、A国とE国を結ぶサプライチェーンの生産工程経路が合計6本あったとする。そのうち、C国の産業を通過する（C国産業と需給関係がある）回数は、経路①で0回、経路②では2回、経路③では1回、経路④では2回、経路⑤では1回、そして経路⑥では0回である。したがって、当該サプライチェーンにおけるC国産業の平均的な登場回数は（0＋2＋1＋2＋1＋0）

図2-6　ハイリスク国（C国）を通過する回数

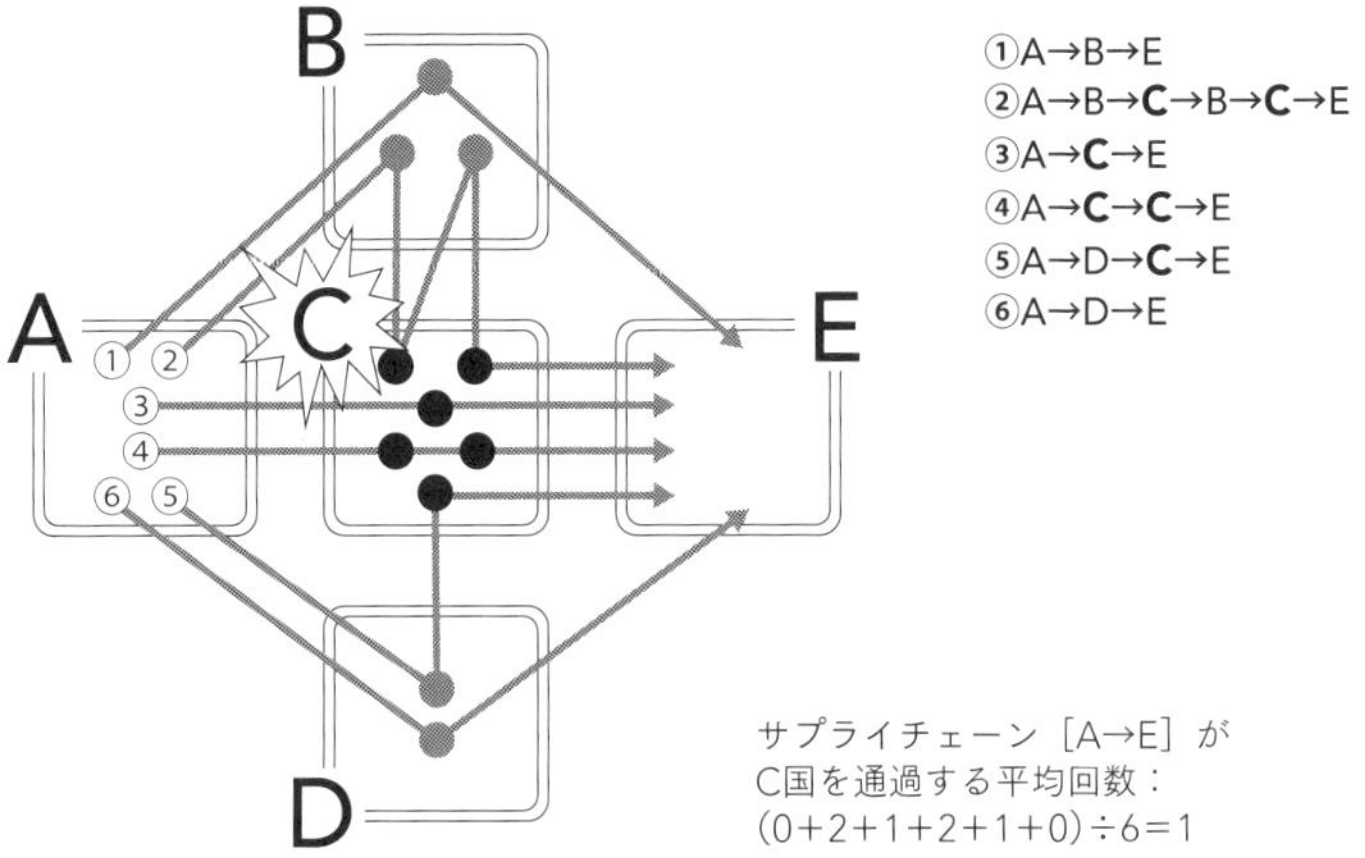

出所：筆者作成。

÷6＝1回となる。

ただし、現実のサプライチェーンは無数の経路を持っており、それらを一つひとつ見ていく訳にはいかない。そこで、国際産業連関表を用いた通過頻度指標（Pass-through Frequency：PTF）を算出する。これは、あるサプライチェーンの経路上に、ハイリスク国の産業部門が登場する回数を、すべての経路について加重平均したものである。従来の集中度指標は付加価値貿易のようにもっぱら量的な概念に基づくものであるが、PTF指標は、ハイリスク国に対するサプライチェーンの連関構造を〈頻度〉という新たな分析次元から捉えている（Inomata and Hanaka［2021］）。

最後に、この仮設例を再び用いて付加価値貿易指標（量ベース集中度）とPTF指標（頻度ベース集中度）の見方を比較してみよう。図2－7に、追加情報として、需給経路上の丸の中に各生

図2-7　付加価値貿易指標とPTF（通過頻度）指標の比較

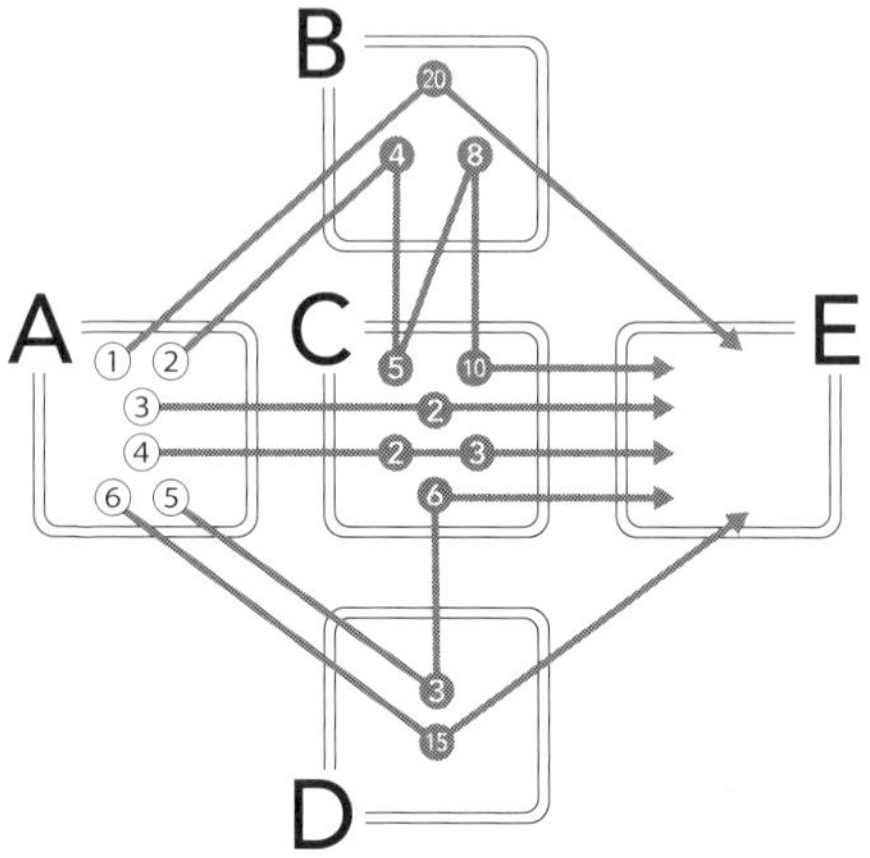

付加価値貿易指標（量ベース集中度）	
B国	20+4+8=32
C国	5+10+2+2+3+6=28
D国	3+15=18

PTF指標（頻度ベース集中度）	
B国	(1+2)÷6=0.50
C国	(2+1+2+1)÷6=1.0
D国	(1+1)÷6=0.33

出所：筆者作成。

産工程の付加価値額を数字で記した。右表は、このサプライチェーン情報に基づき、中継国（B国、C国、D国）に対する集中度を両指標で比較したものである。この生産システムにおいて、量ベースではB国に最も集中しているが、頻度ベースではC国への集中が高くなっている。このような形で、国際産業連関表を用いれば、サプライチェーンの集中リスクを異なった角度から捉えることができるのである。

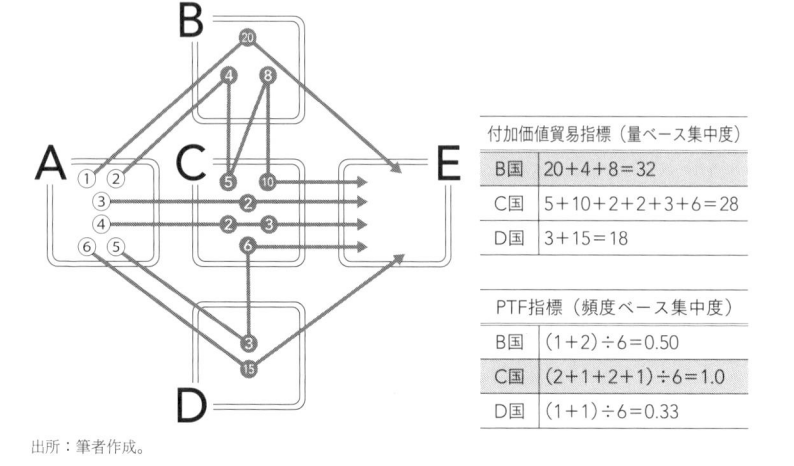

ハイリスク国：日本、中国

以下は、これら二つの指標を用いた分析事例である。まず図2－8では、自然災害多発国としての〈日本〉、そして、米中対立により地政学的リスクが高まる〈中国〉の2カ国をハイリスク国として比較した。図中、数字は産業部門コードであり、国名との組み合わせで特定の国のサプライチ

図2-8　主要なグローバル産業のリスク・ポジション

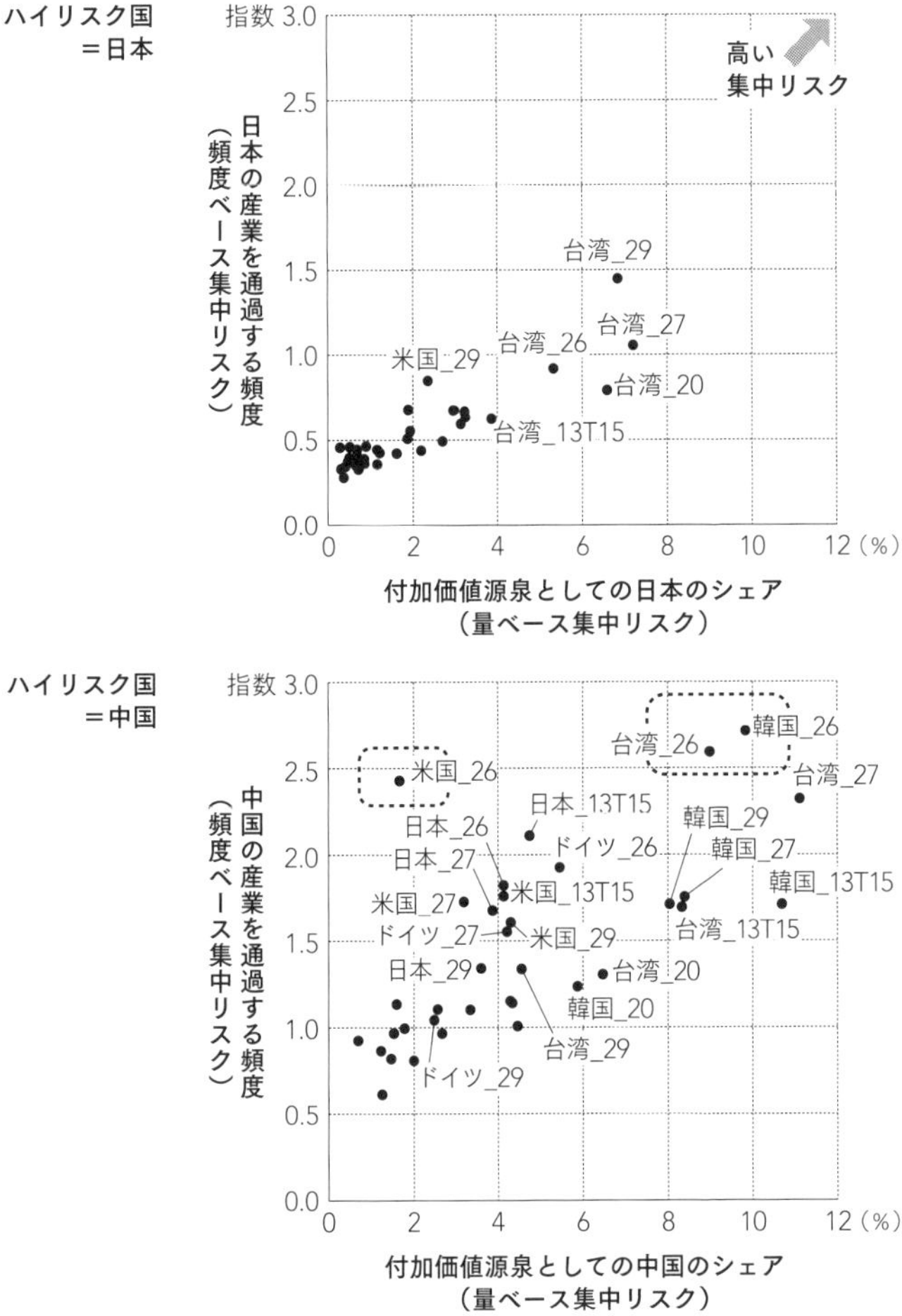

出所：Inomata and Hanaka［2021］をもとに筆者作成。
注1：縦軸のPTF指標は、分析対象として選択したサプライチェーンの平均値をベンチマークとして指数化した。
注2：OECD国際産業連関表（2022年版）産業分類（付表2-2も参照）

10T12	食料品・飲料・たばこ	26	コンピュータ、電子・光学機器
13T15	繊物・衣服・皮革製品	27	電気機器
20	化学品および化学製品	29	自動車およびトレーラ
21	基礎医薬品および医薬調合品		

ェーンを指し示している。横軸はハイリスク国が製品の付加価値源泉国として占めるシェア（量ベース集中リスク）、縦軸は生産システムの中でサプライチェーンが同国産業を経由する頻度である（頻度ベース集中リスク）。したがって、マーカーが上方あるいは右方にあるほど、当該サプライチェーンがハイリスク国（日本あるいは中国）への集中リスクに晒されていることを示している。

二つのグラフを比較すると、対日本（上図）より対中国（下図）のデータで上方あるいは右方向のプロットが多い。分析対象のサプライチェーンは、概して日本より中国で集中リスクに晒されていることが分かる。いっぽう、日本のケースについて見ると、台湾だけが強い集中度を示しており、その対日依存の高さが見て取れる。

次に、中国のケースで「コンピュータ、電子・光学機器」部門に焦点を当てよう。半導体を含む同部門のサプライチェーンは複雑な国際分業構造を持ち、また、その戦略的重要性ゆえ各国の安全保障政策において高い関心を集めている。

まず、韓国と台湾のサプライチェーン（韓国_26, 台湾_26）が、付加価値源泉シェアと通過頻度の両方において、中国への地理的集中リスクにもっとも晒されていることが分かる。

また、米国のサプライチェーン（米国_26）は非常に興味深い立ち位置にある。米国のような経済大国は、国内の巨大な産業基盤ゆえ、一般的に外国源泉の付加価値は小さくなることが知られている。したがって、横軸方向すなわち量ベースの集中度において「米国_26」が低い数値を示しているのは、単純に米国の経済規模を反映していると考えてよい。

いっぽうの縦軸方向だが、米国の情報通信技術（ＩＣＴ）産業には多くのグローバル企業があり、それらは複雑で長いサプライチェーンを世界的に展開しているため、中国経済への露出頻度も必然的に高くなることが想定される。それは、中国国内での不測の事態に巻き込まれる確率の高さを示しており、ここに、ＩＣＴサプライチェーンに関する米国政府の懸念が見え隠れする。

この図にあるように、一般的に、量ベースと頻度ベースの集中リスクは正の相関にあるが、上述した米国サプライチェーンの事例を考えると、量的な側面だけを見ていては全体のリスクを過小評価することになりかねないことが理解できる。

また、頻度ベースの集中度は、サプライチェーンの「デカップリング（分離）」へ向けた政策が企業のビジネス活動へ及ぼす影響を計る上で非常に重要な示唆を呈する。たとえば、米国による輸出管理政策を考えよう。その特徴としては、輸出規制の「域外適用」を広範に課していることが挙げられる。第4章で詳述するので、ここでは敢えて乱暴な説明をするが、要するに、「懸念国」の個人・団体と米国の規制品を取引する場合、米系・非米系を問わず、企業は米国管理当局から許可を得る必要があるということだ。それは、取引量の多寡には関係なく「一回は一回」という原則である。ゆえに、サプライチェーンの主導企業から見れば、まさに、生産プロセスにおける需給関係の「頻度」こそが重要となる。

むろん、審査にかかる時間的なコストもさることながら、仮に許可が下りなければそこで生産計画を見直す必要が生じる。自社が「ハイリスク国」と直接関わりがなくとも、同国と需給関係にある上流サプライヤーを多く抱えていれば、それはサプライチェーンのいたるところに米国製の地雷が埋め込まれているようなものだ。すなわち、米国と対立する国を「ハイリスク国」としたときのＰＴＦ（頻度ベースの集中度）が高いサプライチェーンほど、米国ルールの域外適用によって過大な事務コスト・取引コストを負わせられる可能性がある。

米中の相互リスク・ポジション

次に、米中間の生産分業構造について考察する。図２－９は米国と中国の全産業について、互いに相手国をハイリスク国とおき、自国サプライチェーンの相手国に対する集中リスクを計測している。グラフの設定自体は前出の図２－８と同じである。

１９９５年時点において、米国サプライチェーンの中国に対する集中は「繊物・衣服・皮革製品（米国_13T15）」部門においてのみ見られていた。しかし、２０２０年までには米国の全産業で中国への集中リスクが高まったいっぽうで、中国の対米依存には大きな変化がなく、むしろ縮小の傾向にある。この期間において、米国の中国に対する一方的な依存関係が生じ、深まっていったことが分かる。ことに、量ベースの集中リスクでは「自動車（米国_29）」、頻度ベースの集中リスクでは「コンピュータ、電子・光学機器（米国_26）」といった中核的・戦略的産業部門が際立っており、また、サービス産業部門でも「通信サービス（米国_61）」などの基幹産業が高い集中リスクに晒されている。

図2-9　米中サプライチェーンの相互リスク・ポジション：1995、2020年

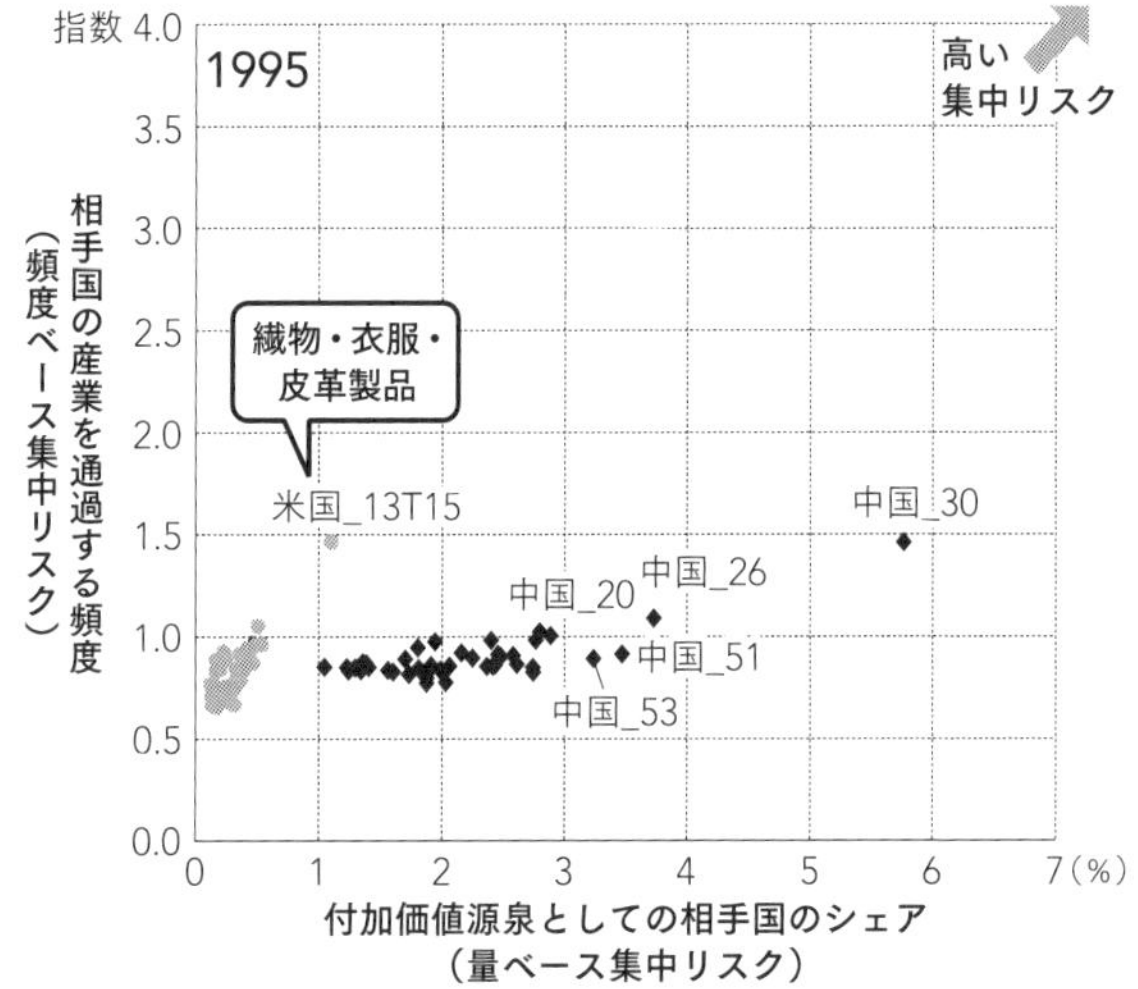

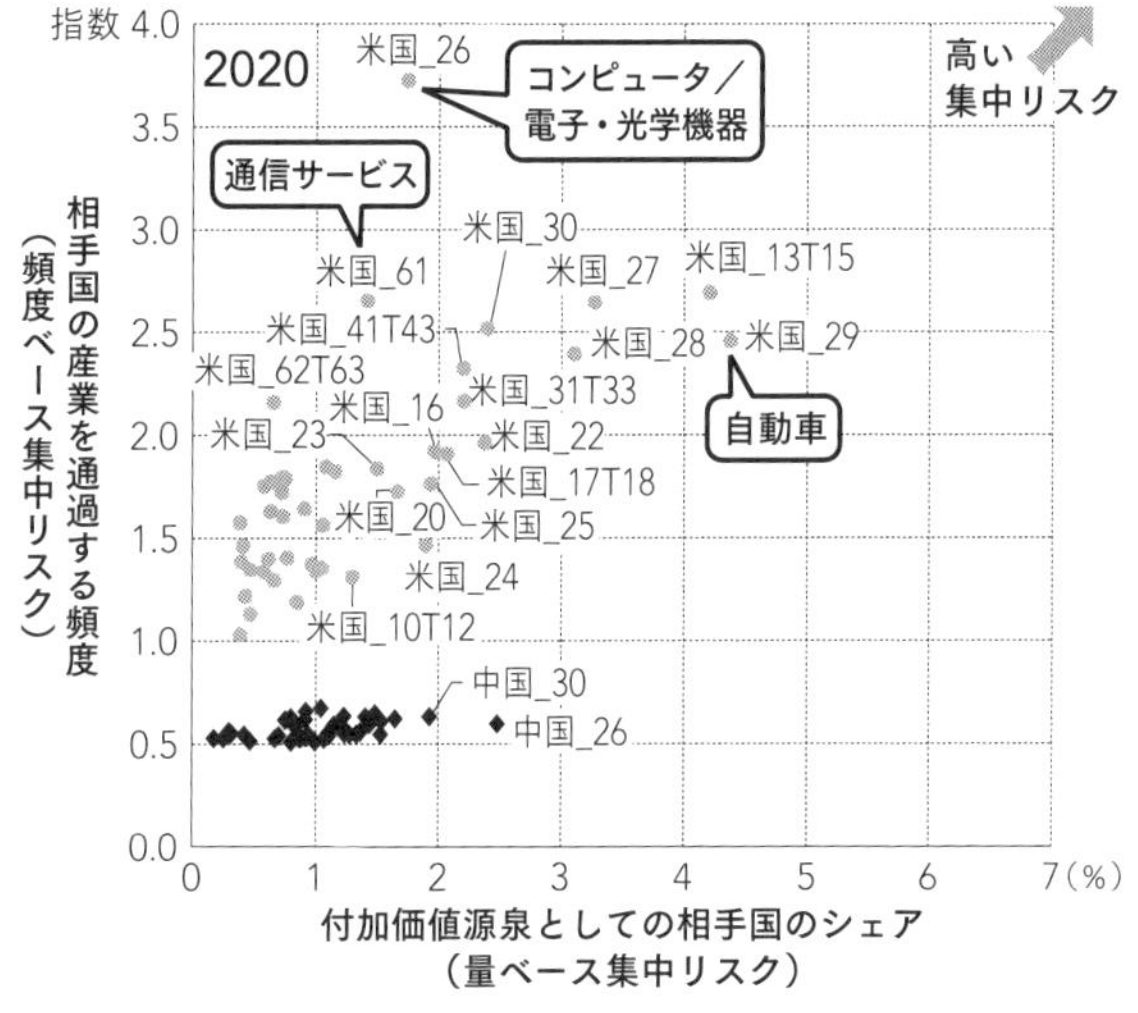

出所：Inomata and Hanaka［2021］をもとに筆者作成。
注1：縦軸のPTF指標は、1995年と2020年、すべてのサプライチェーンの平均値をベンチマークとして指数化した。
注2：OECD国際産業連関表（2022年版）の産業分類は付表2-2を参照。

図2-10　「ロシア　石油・天然ガス」と「中国　ICT機器」への集中リスク形態

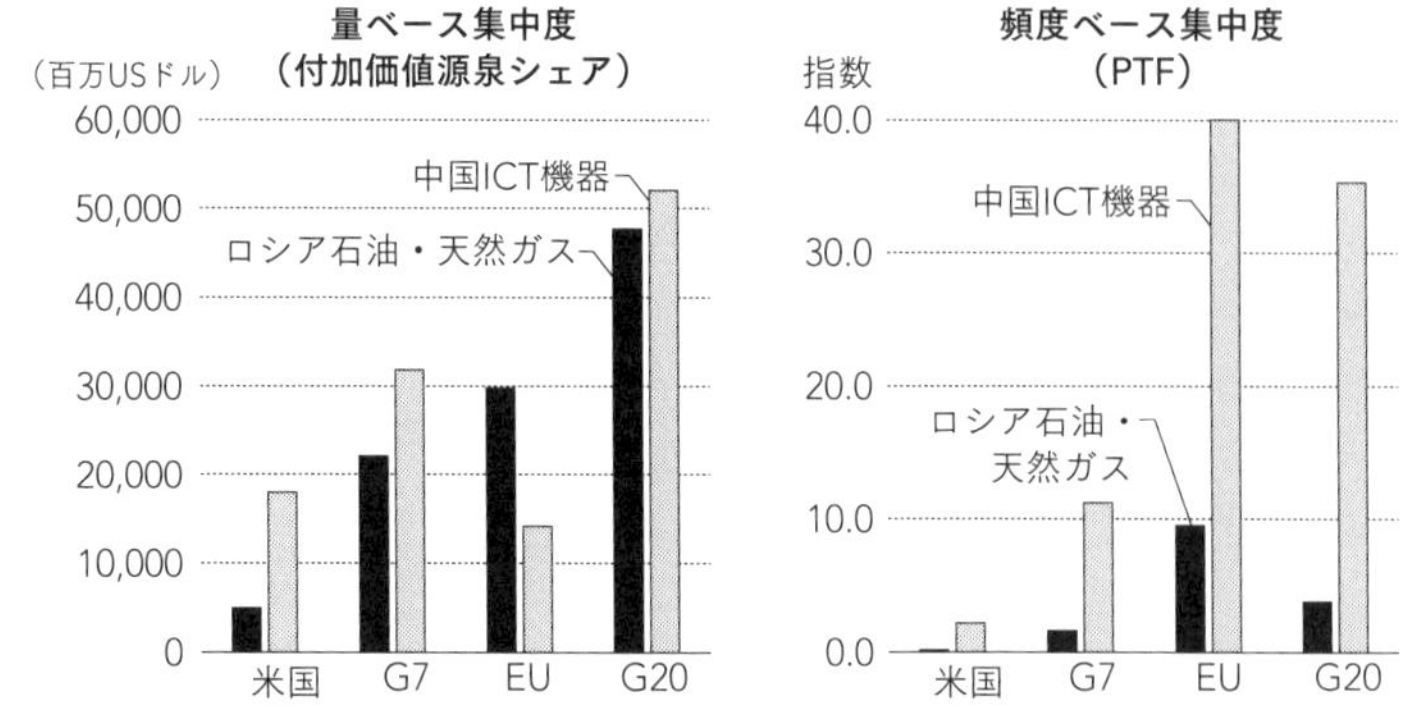

出所：筆者作成。
注1：PTF指標はすべてのサプライチェーンの平均値をベンチマークとして指数化した。
注2：G7およびG20にはドイツ、フランス、イタリア以外のEU諸国を含めていない。
注3：「石油・天然ガス部門」＝「05T06 Mining and quarrying, energy producing products」、「ICT機器部門」＝「26 Computer, electronic and optical equipment」。

　さて、これまではサプライチェーンの集中リスクを「ハイリスク国」という国レベルで計ってきたが、集中リスク指標はさらに細かな「産業部門」という単位を分析対象とすることもできる。図2－10は、「ロシアの石油・天然ガス部門」と「中国のICT機器部門」への集中リスク・依存度を比較している。まず、量ベースの集中リスクを見てみよう（左図）。米国およびG7のサプライチェーンは中国ICT機器部門へより高い集中度を示しているが、対してEU諸国ではロシア石油・天然ガス部門への依存が著しい。G20のサプライチェーンについては両部門ほぼ同等という結果だ。

　ところが、頻度ベースの指標を見ると（右図）、いずれの経済グループでも中国ICT機器部門への集中が際立っており、いっぽう、ロシア石油・天然ガス部門への露出頻度は高くない。対象となる産業の特性によって、集中リスク・依存リスクの性質が異なることが分かる。

付加価値貿易　世界金融危機以降の展開

最後に、世界の付加価値フローがどうなっているのか、その全容を見渡してみよう。図2－11と図2－12は、世界金融危機直前の2007年と、直近データの2020年における付加価値貿易の世界的な流れを、主要な地域貿易協定・国際連携の枠組みに照らし合わせて俯瞰している。表側が付加価値の源泉国（origin）、表頭がその仕向先（destination）である。実額を閾値で6つに区分し、各セル内の黒色部分の大きさによって付加価値フローの多寡を示した。

2007年の時点では、世界中にGVCを張りめぐらす米国と、地域内での経済統合を深めるEUという構図を見て取れる。しかし、世界金融危機以降、中国経済の国際展開が急速に進み、直近の2020年、世界経済は中国と米国を核とする二大ネットワークと、ドイツ・フランスを核とする緩やかな欧州ネットワークの3つへと分極化したこと分かる。単国としては、アジア地域における日本、欧州地域における英国のプレゼンスが低下したことが確認できる。

現在の地域貿易協定・国際連携の枠組みに沿って整理すると、やはり米中の存在・影響力は際立って大きい。RCEP（地域的な包括的経済連携）は中国が加盟国であるためその経済力が成長エンジンとなり得るが、いっぽうの、米国が抜けたあとのTPP＝CPTPP（環太平洋パートナーシップに関する包括的及び先進的な協定）は「スカスカ」である。今般、英国の加盟がメンバー国

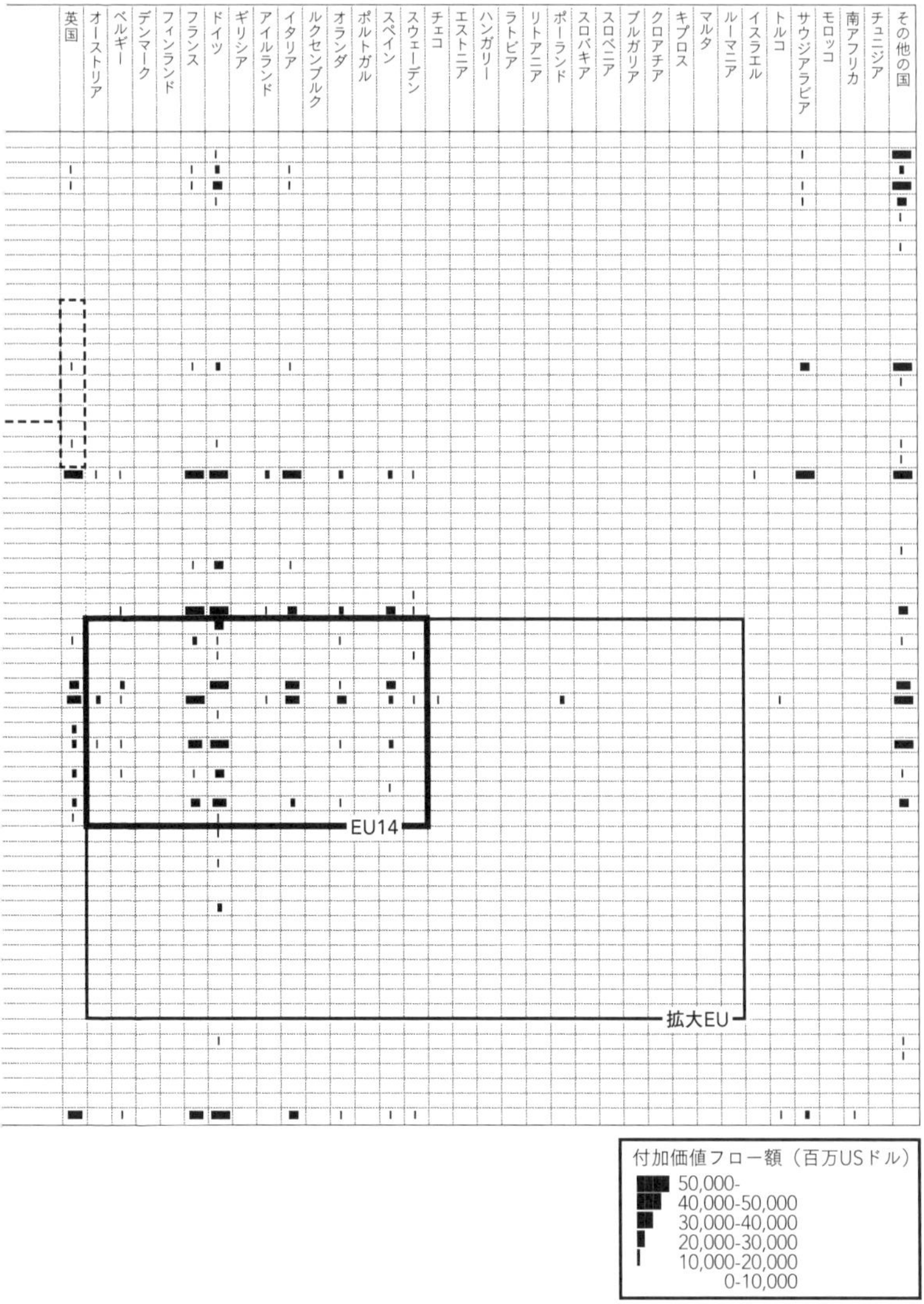
英国
オーストリア
ベルギー
デンマーク
フィンランド
フランス
ドイツ
ギリシア
アイルランド
イタリア
ルクセンブルク
オランダ
ポルトガル
スペイン
スウェーデン
チェコ
エストニア
ハンガリー
ラトビア
リトアニア
ポーランド
スロバキア
スロベニア
ブルガリア
クロアチア
キプロス
マルタ
ルーマニア
イスラエル
トルコ
サウジアラビア
モロッコ
南アフリカ
チュニジア
その他の国
EU14
拡大EU
付加価値フロー額（百万USドル）
50,000-
40,000-50,000
30,000-40,000
20,000-30,000
10,000-20,000
0-10,000

図2-11　付加価値貿易の世界フローと地域貿易協定・国際連携の枠組み：2007年

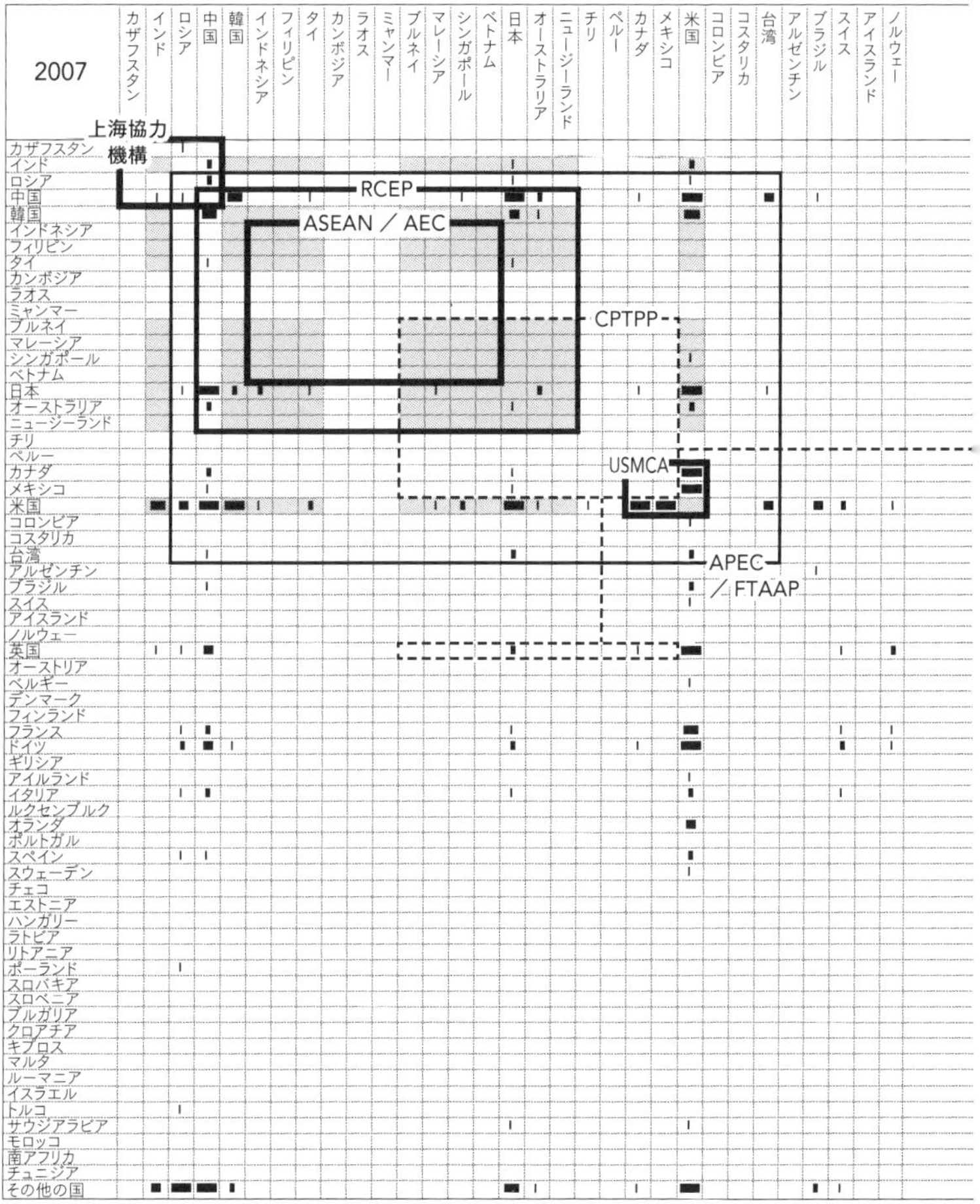

出所：OECD国際産業連関表（2022年版）から筆者作成。

注：図のフォーマットの関係でAPECの枠がカンボジア、ラオス、ミャンマー、コロンビア、コスタリカにかかっているが、これらの国は2023年の時点でAPECのメンバーではない。また、以下の国は協定・貿易圏の対象国でありながらデータベースに含まれていないので考察から外している。
APEC→パプアニューギニア　IPEF→フィジー。

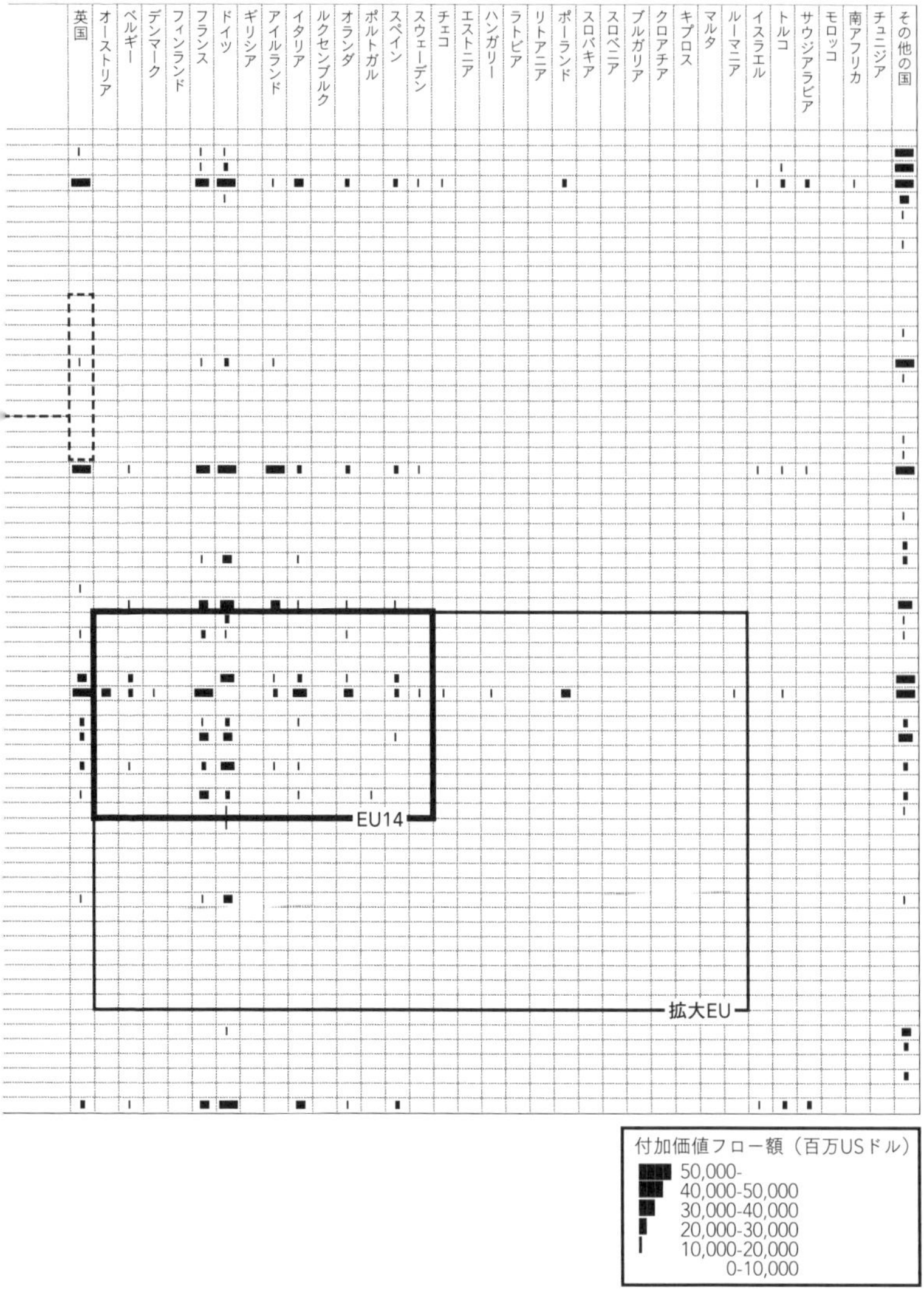

英国
オーストリア
ベルギー
デンマーク
フィンランド
フランス
ドイツ
ギリシア
アイルランド
イタリア
ルクセンブルク
オランダ
ポルトガル
スペイン
スウェーデン
チェコ
エストニア
ハンガリー
ラトビア
リトアニア
ポーランド
スロバキア
スロベニア
ブルガリア
クロアチア
キプロス
マルタ
ルーマニア
イスラエル
トルコ
サウジアラビア
モロッコ
南アフリカ
チュニジア
その他の国
EU14
拡大EU
付加価値フロー額（百万USドル）
50,000-
40,000-50,000
30,000-40,000
20,000-30,000
10,000-20,000
0-10,000

図2-12　付加価値貿易の世界フローと地域貿易協定・国際連携の枠組み：2020年

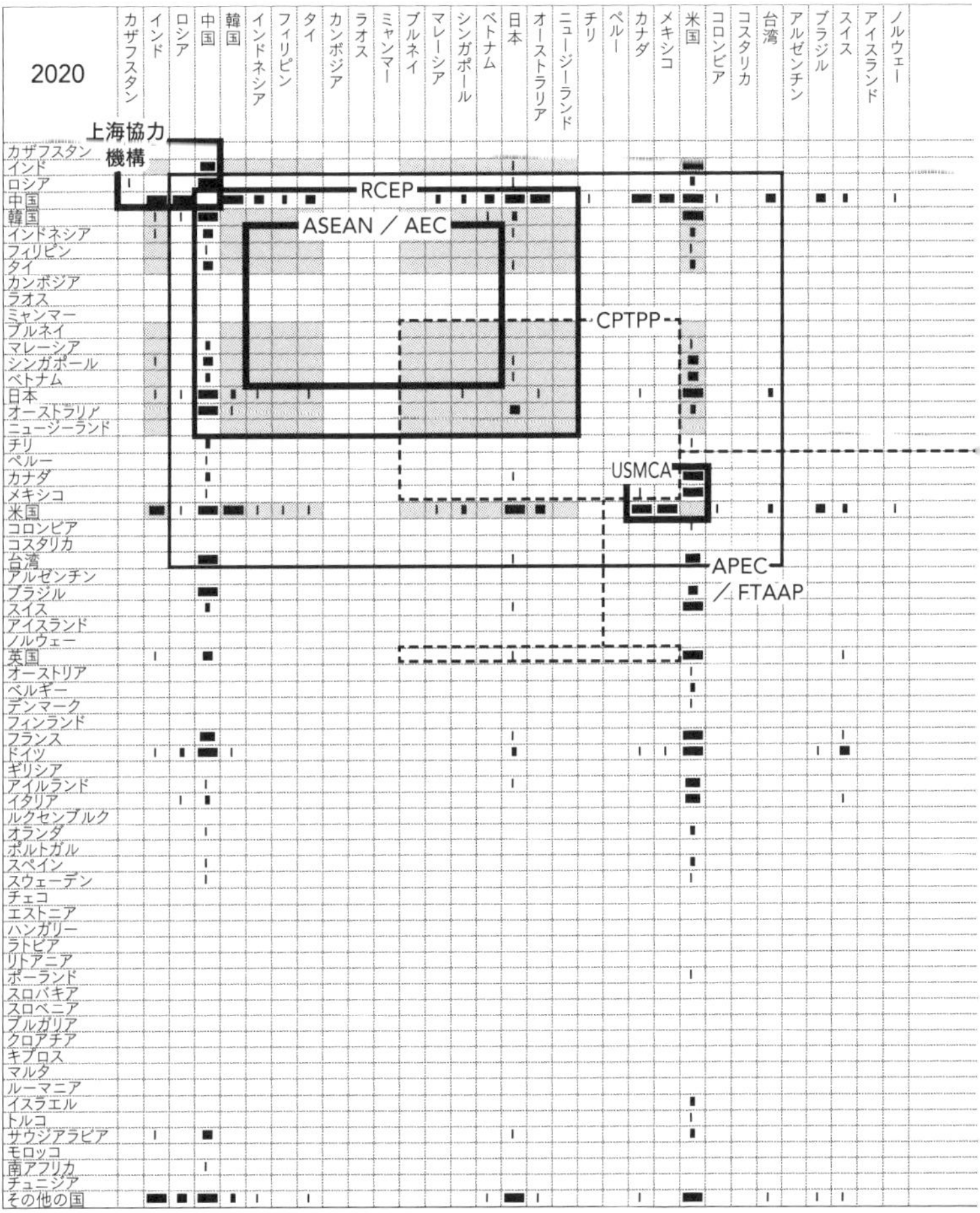

出所：OECD国際産業連関表（2022年版）から筆者作成。

注：図のフォーマットの関係でAPECの枠がカンボジア、ラオス、ミャンマー、コロンビア、コスタリカにかかっているが、これらの国は2023年の時点でAPECのメンバーではない。また、以下の国は協定・貿易圏の対象国でありながらデータベースに含まれていないので考察から外している。
APEC→パプアニューギニア　IPEF→フィジー。

に承認されて話題となったが、足元での付加価値フローに対して同国は必ずしも大きな貢献とはなり得ない。[2]

米国が提唱する「繁栄のためのインド太平洋経済枠組み（ＩＰＥＦ）」への交渉参加国を網掛けで示した。２０２０年における米国の行と列を見れば分かるように、インド太平洋地域については、中国を除き、経済連関の強い国を漏れなく囲い込んでいることが分かる。また、地域貿易協定ではないが、上海協力機構における中露・中印の強力な経済関係も見過ごせない。

国際産業連関分析の弱点と今後の展開

このように、国際産業連関表には「ＧＶＣの地政学」を実証するための重要な情報がぎっしりと詰め込まれている。企業の海外展開が進み、国際生産分業がますます複雑化するなか、生産ネットワークの中心がどこにあるか、どれだけの構造的非対称性が見られるか、各国各産業の依存関係はどうか、といったことの全容を瞬時に読み取ることが可能だ。ことに、貿易統計で示される財の越境フローだけでなく、１次サプライヤー、２次サプライヤー、３次サプライヤー、…と生産連関をサプライチェーンの隅々まで追跡することによって、経済相互依存関係の隠れた構造を炙りだすことができる。これは、産業連関データを用いることの最大の利点である。

ただし、国際産業連関表にはいくつか重要な弱点がある。まず、産業部門分類が非常に粗いことだ。たとえば、安全保障上の関心が高い半導体については、「コンピュータ、電子・光学機器」という部門の中に含まれており、半導体関連製品だけを取り出して分析することは難しい。「ロシアの石油・天然ガス」に対する依存度は計れても、「台湾の半導体」は考察できない、といった次第である。

また、製品の代替可能性に関する情報が含まれていないため、国際産業連関表だけでは厳密な意味での「チョークポイント」を特定することができない。サプライチェーンの脆弱性ということを考えた場合、生産に使用する部材がどれほど取り換えのきくものであるか、ということは極めて重要な参照点である。

これらについては、現在、企業ミクロデータの統合など、他の様々なソースから異種情報を取り込む研究が進められている。今後の展開を注視したい。

なお、本章で紹介した通過頻度指標PTFが、今般、OECDの公式統計としてデータベース（oecd.stat）へ組み入れられることとなった。現段階では45産業部門、世界76カ国について、1995年から2020年までの年次データがカバーされている。官民学を問わず、広く利用に供することが期待される。

1…国際産業連関分析に関する入門的な解説としては、猪俣［2019］の第5章を参照。

2…むろん、ルール先進国である英国が最初の新規加盟国になるということの意味は非常に大きい。今後、中国を含む新興国・途上国の加盟申請に対応するうえで、現行ルールへの厳格な準拠について、極めて明確かつ有効な先例を築くことができたのは大きな成果である。

コラム 2–1　生産ネットワークの視角化

本章図2－1において、矢印の太さは国間・産業間の連結強度を、長さは経済的距離（＝生産工程数）を示すとした。この図は筆者の単なる想像で描いたものではなく、厳密な計測モデルと国際産業連関表の情報に基づいて作成されている。

まず、矢印の太さが示す国間・産業間の連結強度について説明しよう。産業間のつながり具合を見るには、製品の需給を通じて産業間で交わされた取引額の大小を比べるのが最も簡便な方法である。しかし、直接的な取引額だけでなく、他の産業を介した間接的な需給関係も考慮すれば、より構造的・本質的な視点で産業間の相互依存関係を捉えることができる。産業連関表にはこのような直接的・間接的な産業間の需給情報が含まれている。そして、その国際版である国際産業連関表を用い、国間の連結強度を計測するのである。具体的には、国際産業連関表から計算された国別・産業別ペアの連結強度を、各産業の生産額シェアによって国ごとに加重平均することで、最終的に1国1産業の形へ集約する。

いっぽう、矢印の長さが示す産業間の経済的距離（＝生産工程数）はどのように計測されるのであろうか。ここでは、経済学者ディッツェンバッハら（Dietzenbacher et al. [2005]）が提唱した「平均波及回数（Average Propagation Lengths：APL）」モデルを紹介する。

具体的に付図2－1のサプライチェーンについて、産業Aから産業Eまでの工程数を考えてみよう。この仮設例では、一番上の経路が2段階の生産工程を持つ。2番目の経路は4段階、3番目は3段階、そして一番下の経路が4段階の生産工程である。

付図2-1　サプライチェーンの経済的「距離」

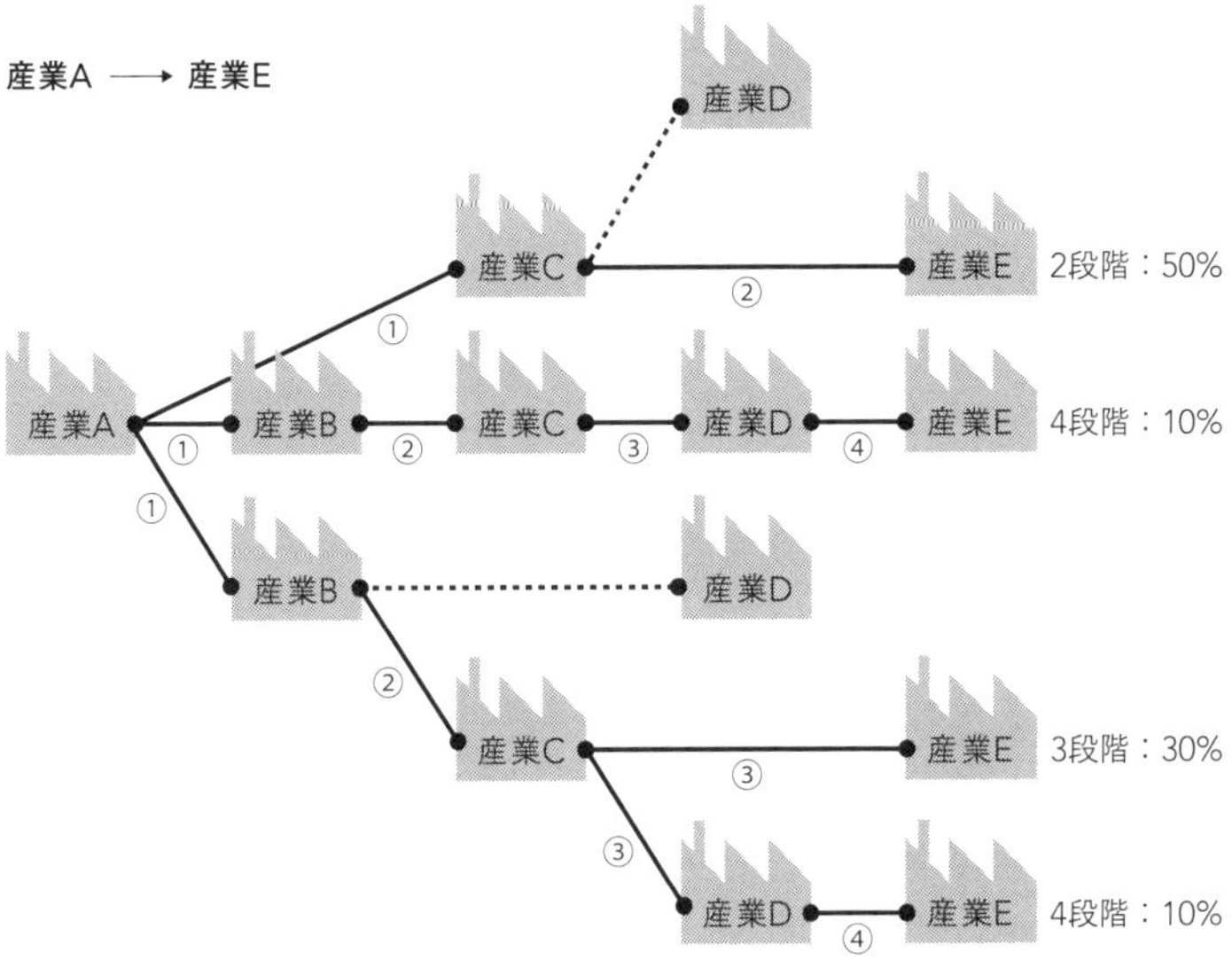

出所：猪俣［2019］

すると、経路によって生産工程数が異なるため、このままでは産業間（A→E）で一定の距離を定めることができない。もっともシンプルな方法は生産工程数を単純平均することである。すなわち、$(2+4+3+4)\div 4=3.25$ である。しかし、これでは生産システムにおける各経路の重要性の違いに拘わらずすべての生産工程を同列に扱うことになり、指標としてやや乱暴である。

そこで、様々な経路の工程数を、各経路が伝達する生産波及効果の大小で加重平均する。たとえば波及シェアが、図中、経路の末端に示された通りとすると、A産業からE産業への平均工程数は、

$$1 \times 0\% + 2 \times 50\% + 3 \times 30\% + 4 \times (10 + 10)\% + 5 \times 0\% + \cdots = 2.7$$

として求められる。産業連関分析において、生産工程数は産業間波及の回数と同義なので、工程数

(b) 処理後

源泉国＼仕向国	中国	インドネシア	日本	韓国	マレーシア	台湾	フィリピン	シンガポール	タイ	米国
中国										
インドネシア			3.19 (0.023)							
日本				3.71 (0.019)	3.38 (0.022)	3.49 (0.023)		**2.98** (0.038)	3.49 (0.020)	
韓国										
マレーシア			**3.15** (0.025)					2.27 (0.024)		
台湾										
フィリピン										
シンガポール					2.45 (0.019)					
タイ										
米国										

1990年

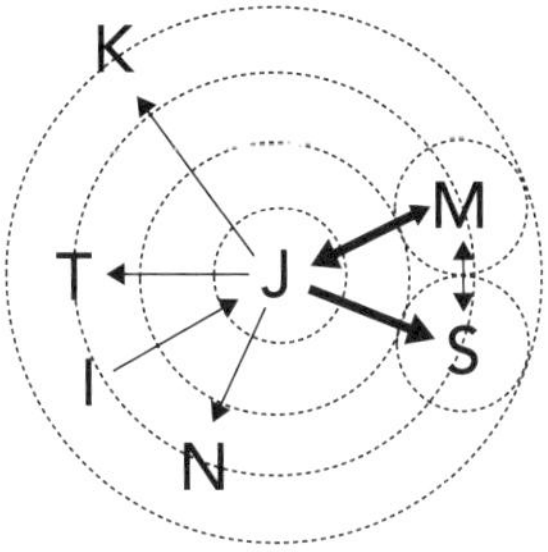

の加重平均にあたっては、段階別波及シェアを各経路のウェイトとして充てることが可能なのである（なお、ウェイトとなる生産波及シェア自体も産業連関表から得ることができる）。

この例が示すように、平均波及回数モデルは、生産ネットワーク上のすべての経路に沿って立ち

付図2-2　アジア・米国経済圏の平均波及回数：1990年（カッコ内は連結強度）

（a）処理前

源泉国＼仕向国	中国	インドネシア	日本	韓国	マレーシア	台湾	フィリピン	シンガポール	タイ	米国
中国		2.91 (0.002)	3.28 (0.008)	4.87 (0.000)	3.30 (0.003)	4.69 (0.000)	3.16 (0.001)	2.95 (0.009)	3.10 (0.005)	3.67 (0.003)
インドネシア	3.38 (0.003)		3.19 (0.023)	3.16 (0.005)	2.94 (0.001)	3.15 (0.003)	2.99 (0.001)	2.43 (0.003)	3.17 (0.001)	3.24 (0.005)
日本	4.13 (0.006)	3.43 (0.008)		3.71 (0.019)	3.38 (0.022)	3.49 (0.023)	3.32 (0.012)	2.98 (0.038)	3.49 (0.020)	3.58 (0.005)
韓国	4.07 (0.002)	3.16 (0.002)	3.43 (0.009)		3.28 (0.003)	3.40 (0.004)	3.01 (0.004)	2.88 (0.005)	3.24 (0.004)	3.30 (0.006)
マレーシア	3.60 (0.007)	3.00 (0.001)	3.15 (0.025)	3.19 (0.012)		3.10 (0.007)	2.93 (0.002)	2.27 (0.024)	2.90 (0.006)	3.09 (0.016)
台湾	3.91 (0.006)	3.08 (0.002)	3.40 (0.011)	3.59 (0.005)	3.17 (0.006)		3.14 (0.005)	2.83 (0.008)	3.24 (0.006)	3.26 (0.013)
フィリピン	3.58 (0.001)	3.06 (0.000)	3.13 (0.010)	3.21 (0.002)	3.14 (0.001)	3.36 (0.002)		2.58 (0.002)	3.26 (0.001)	3.01 (0.007)
シンガポール	3.48 (0.005)	2.37 (0.003)	2.89 (0.013)	2.93 (0.005)	2.45 (0.019)	2.77 (0.007)	2.43 (0.003)		2.49 (0.012)	2.80 (0.016)
タイ	3.55 (0.002)	2.87 (0.000)	3.10 (0.008)	3.32 (0.002)	2.84 (0.002)	3.10 (0.002)	2.94 (0.000)	2.46 (0.004)		2.98 (0.005)
米国	3.92 (0.003)	3.39 (0.002)	3.50 (0.005)	3.50 (0.010)	3.45 (0.007)	3.21 (0.012)	3.32 (0.006)	2.99 (0.016)	3.46 (0.006)	

出所：猪俣［2019］

並ぶ生産工程数の加重平均として産業間の経済的距離を定めている。非常に単純な発想ではあるが、このモデルが優れている点は、産業連関表から得られる情報だけを用いて計算できることである（なお、本章で紹介した通過頻度指標PTFも同様の手法で加重平均値が取られている）。

これら二種類の情報、すなわちサプライチェーンの連結強度と長さを組み合わせることによって生産ネットワークを視覚化することができる。付図2－2（a）は、1990年におけるアジア・米国経済圏の平均波及回数＝経済間の距離を、サプライチェーンの源泉国・仕向国ペアごとにまとめたものである（産業部門別で計算した上で、各産業の生産額シェアをウェイトとして国ごとに加重平均し、最終的に1国1産業の形で集約した）。

表のセルはそれぞれ各国間のサプライチェーンに対応するが、ここで、先述した連結強度の情報（表中カッコ内の数値）を参照する。当該サプライチェーンの連結強度が下限値未満の場合はその経路を考察対象から外し、対応するセルが空欄となる。いっぽう、強度が特定値以上の場合、それは主要な経路とみなされ、そのセルが強調表示（＝太字）される。付図2－2（b）はこうした処理の結果であるが、ここで得られた情報は、本章図2－1のなかで、1990年における各国間の生産ネットワークとして変換・視覚化されている。なお、この分析では国境を越えたサプライチェーン（表中の非対角部分）のみを対象としている。

コラム 2–2　サプライチェーンごとの集中リスク指標

付表2−1は、OECD国際産業連関表が対象とする約1200万本の国際サプライチェーンのうち、日本と中国それぞれに対する通過頻度（PTF）上位20のサプライチェーンと、対応する付加価値貿易額を並べている（ただし、サプライチェーンは付加価値の源泉国と仕向国いずれもハイリスク国と異なるもののみを対象とした）。たとえば、左パネル【ハイリスク国：日本】の表頭では、米国の自動車サプライチェーン（米国 29）が、オーストラリアの「非エネルギー関連採掘業」部門（オーストラリア07T08）を源泉とする4億4千2百万ドル分の付加価値を用いており、またそのために、平均値の0・69倍の頻度で日本の産業と関わっていることを示している。

注目すべきは、右パネル【ハイリスク国：中国】の網掛け部分、すなわち米国の「公務・国防・社会保障（米国 84）」という、まさに米国の治安・安全保障に直結する部門のサプライチェーンである。韓国、台湾、日本の「コンピュータ、電子・光学機器」部門（韓国26，台湾26，日本26）を源泉とするサプライチェーンに、中国の産業が深く絡んでいることが分かる。同盟国・有志国を巻き込んで、ICT産業のサプライチェーンから中国の影響力を徹底的に排除するといった米国の一連の政策には、このような見えない部分での対中依存に対する恐怖感が根底にあるのではなかろうか。

【ハイリスク国：中国】

ランキング	最終製品生産者	付加価値源泉	付加価値貿易額（百万USドル）	通過頻度（PTF指数）
1	米国41T43	オーストラリア07T08	517.04	3.82
2	米国29	オーストラリア07T08	442.38	2.52
3	ベトナム41T43	オーストラリア07T08	301.39	2.07
4	米国41T43	台湾26	470.55	1.94
5	米国41T43	韓国26	526.79	1.93
6	米国41T43	ロシア05T06	444.96	1.58
7	米国86T88	韓国26	458.96	1.52
8	米国29	台湾26	515.82	1.50
9	米国86T88	台湾26	419.44	1.49
10	米国45T47	台湾26	392.28	1.44
11	米国84	韓国26	854.79	1.43
12	米国45T47	韓国26	444.05	1.42
13	タイ26	韓国26	327.06	1.41
14	米国84	台湾26	779.50	1.41
15	米国29	韓国26	661.87	1.30
16	メキシコ26	台湾26	659.21	1.30
17	米国41T43	チリ07T08	310.19	1.10
18	韓国29	オーストラリア07T08	338.31	1.10
19	米国84	日本26	385.06	1.09
20	メキシコ26	日本26	329.92	1.00

付表2-1　通過頻度（PTF）上位20のサプライチェーン

【ハイリスク国：日本】

ランキング	最終製品生産者	付加価値源泉	付加価値貿易額（百万USドル）	通過頻度（PTF指数）
1	米国29	オーストラリア07T08	412.38	0.69
2	中国26	オーストラリア05T06	649.10	0.64
3	中国29	オーストラリア05T06	539.37	0.55
4	中国41T43	カナダ07T08	896.65	0.45
5	中国45T47	オーストラリア05T06	345.33	0.39
6	中国41T43	米国07T08	529.44	0.39
7	中国28	オーストラリア05T06	854.67	0.39
8	中国26	ロシア24	305.97	0.38
9	中国27	オーストラリア05T06	418.45	0.37
10	中国26	サウジアラビア05T06	931.26	0.36
11	中国26	米国62T63	326.95	0.33
12	中国29	サウジアラビア05T06	741.57	0.32
13	米国41T43	オーストラリア07T08	517.04	0.32
14	中国29	米国77T82	318.16	0.31
15	中国26	チリ07T08	381.58	0.30
16	中国41T43	ロシア07T08	693.08	0.30
17	台湾26	サウジアラビア05T06	333.43	0.29
18	中国26	米国77T82	549.40	0.28
19	中国29	米国64T66	418.63	0.28
20	中国01T02	オーストラリア05T06	374.05	0.27

出所：Inomata and Hanaka［2021］をもとに筆者作成。
注：PTF指標は分析対象として選択したサプライチェーンの平均値をベンチマークとして指数化した。

Code	Industry
41T43	Construction
45T47	Wholesale and retail trade; repair of motor vehicles
49	Land transport and transport via pipelines
50	Water transport
51	Air transport
52	Warehousing and support activities for transportation
53	Postal and courier activities
55T56	Accommodation and food service activities
58T60	Publishing, audiovisual and broadcasting activities
61	Telecommunications
62T63	IT and other information services
64T66	Financial and insurance activities
68	Real estate activities
69T75	Professional, scientific and technical activities
77T82	Administrative and support services
84	Public administration and defence; compulsory social security
85	Education
86T88	Human health and social work activities
90T93	Arts, entertainment and recreation
94T96	Other service activities
97T98	Activities of households as employers; undifferentiated goods- and services-producing activities of households for own use

出所：OECD.stat

付表2-2　OECD国際産業連関表　産業分類（2022年版）

Code	Industry
01T02	Agriculture, hunting, forestry
03	Fishing and aquaculture
05T06	Mining and quarrying, energy producing products
07T08	Mining and quarrying, non-energy producing products
09	Mining support service activities
10T12	Food products, beverages and tobacco
13T15	Textiles, textile products, leather and footwear
16	Wood and products of wood and cork
17T18	Paper products and printing
19	Coke and refined petroleum products
20	Chemical and chemical products
21	Pharmaceuticals, medicinal chemical and botanical products
22	Rubber and plastics products
23	Other non-metallic mineral products
24	Basic metals
25	Fabricated metal products
26	Computer, electronic and optical equipment
27	Electrical equipment
28	Machinery and equipment, nec
29	Motor vehicles, trailers and semi-trailers
30	Other transport equipment
31T33	Manufacturing nec; repair and installation of machinery and equipment
35	Electricity, gas, steam and air conditioning supply
36T39	Water supply; sewerage, waste management and remediation activities

第3章

中国の驕り、米国の恐怖

2つの誤算

前世紀が終わりに近づくころ、40年間以上続いた冷戦構造の動揺と崩壊の瞬間を、筆者は欧州において目の当たりにした。鉄のカーテンが融解し、ベルリンの壁が解体され、ソ連が消滅し、NATOやEUが東欧諸国を次々と飲み込んでいく。欧州復興銀行が設立され、旧社会主義国の市場経済化が図られる。欧米資本が流入し、ロシア経済や東欧経済の国際化が加速する。凄まじい速度で世界が動いた日々であったが、このとき、冷戦の勝利者たる西側諸国を覆っていた高揚感を、今日においてもいまだ忘れることはできない。政治体制や経済体制、そしてその礎となる思想や価値観など、あらゆる次元で対立を続けた長い戦いに勝利を収めたのだから無理もないことである。

この歴史的勝利への陶酔と高揚感を背景に、米国を中心とする自由主義陣営は冷戦後の国際秩序構築に対して強い自信を抱いていた。それが端的に表れたのが、とりわけ米クリントン政権で顕著に強まった対中関与政策である。中国は冷戦終結前の80年代初頭から経済の改革・開放を進め、独自に市場経済化への道を模索していた。クリントン政権はその流れを捉え、国際経済システムに招き入れることで中国をリベラルな民主主義体制へ移行させることを目論んだ。

今日の中国を見るに、当時の米政権あるいは西側諸国が描いたような民主化シナリオが実現しなかったことは明らかである。冷戦終結から30年を経た今でも中国共産党による一党独裁は揺るぎない。また、現国家主席の習近平は「反腐敗」の名のもとに政敵を次々と政権中枢から排除し、党内における自身の強権化を進めたという（朝日新聞中国総局［2018］）。さらに、２０１８年の憲法改正によって国家主席の任期制が撤廃され、習政権長期化への途が開かれた。

このような事実から、米国による冷戦後の対中関与政策あるいはそれと連動する政策論を「楽観主義」として断じる声もある。しかし、第1章で述べた経済安全保障の観点からすれば、潜在的な敵対国を経済発展途上の段階から世界経済に取り込み、主導国の支配下におくという構想自体は間違っていない。そもそも70年代における「デタント（緊張緩和）」は、国際経済システムの中で西側諸国がソ連を制御することを目的としたとも言われている（ラセットほか［2002］）。

では米国の誤算はどこにあったのか。

一つは、国際経済への統合がドミノ式に政治体制の転換へ波及すると考えたことである。ポスト冷戦期、中国国民の価値観が市場資本主義へ大きく傾いたことは間違いない。しかし、冷戦終結直前に世界を震撼させた天安門事件を経ながらも、結局、中国共産党の支配が揺らぐことはなかった。中国政権の持続性については本書の分析域を超えるのでこれ以上触れることはしない。以下では第2の要因、すなわち中国経済のダイナミズムについて考察する。

政治学者アリソンは、その著書『米中戦争前夜（原題 “Destined for War: Can America and China Escape Thucydides' Trap?”）』において「トゥキディデスの罠」という概念を提唱した（アリソン［2017］）。トゥキディデスは古代ギリシアの歴史家であり、覇権国スパルタと、急速に台頭した都市国家アテナイとの間のパワー・シフトがペロポネセス戦争を引き起こしたと記述している。

そして、両国を戦争へと至らしめた根本的動因が、新興国アテナイによる「追う者の驕り」と覇権国スパルタによる「追われる者の恐怖」であるという。この集団心理のすれ違いが後戻りできないほどに拡がると、戦争が不可避なものとなる。

アリソンはこのトゥキディデスの記述を引き合いに、過去500年間に起こった様々な覇権争いについて原因を探った。そして、それらの多くがトゥキディデスの罠で説明できるとした。むろんその目的は、著書のタイトルに示されている通り、「罠」のメカニズムを今日の米中関係に当てはめることである。中国の「驕り」と米国の「恐怖」が増幅するにしたがい、米中戦争のリスクが急激に高まっていくという。

国際関係論のなかでは「パワー・トランジッション」理論という範疇のなかで議論される仮説であるが、歴史を振り返るに、冷戦後、米中関係が「中国の驕りと米国の恐怖」という組み合わせで常に推移してきたわけではない。次章で詳述するように、その様態は時期区分ごとに大きく変化している。しかし、少なくとも歴史上のある一時点においてこのようなダイナミズムが発現したことは間違いなく、それが今日の米中関係を形作る大きな要因となったことは確認する必要がある。

では何が中国を驕らせ、米国の恐怖を誘ったのか。それは、西側諸国、あるいは中国自身の想像力さえも遙かに超えた、中国経済の発展プロセスと技術キャッチアップの〈速度〉であったと考える。対内的には共産党政権の統治能力に対する国民の信頼拡大、対外的には資金と技術の大胆な投入による軍事力の増強として表れ、いずれも両国間で「驕り」と「恐怖」の対立をかき立てる要因となった。この変化の速度を想定できなかったこと、これが、米国の第2の誤算である。

圧縮された経済発展

ＧＶＣの拡大は開発途上国に大きな恩恵をもたらす。そう言い切れる理由はいくつか挙げることができるが、その一つが、雇用創出を通して国民所得を引き上げたことである。ことに中国では、輸出振興により沿海都市部で拡張した産業が農村部の余剰労働力を吸収し、スケールメリットを生かした高い生産能力を得ると同時に、地方の貧困削減にも大きく貢献したと考えられている。近年に至るまで経済的には低所得国の一つにすぎなかった国が、ＧＶＣへの参加を通じて歴史的にも例を見ない急速な富の蓄積を果たしたのである。

製造業には非熟練労働者に対して広く雇用機会を与える力がある。しかしこれまで、開発途上国の産業がそのような段階に至るには工業化というステップを踏む必要があった。一般的に、一国にとって工業化といえば、地場産業を生産工程の上流から下流までくまなく取りそろえることである。ことに製品が高付加価値のものであればあるほど、通常、サプライチェーンは長くなり、また、生産に関わる裾野産業も多くなる。かつての日本や韓国でそうであったように、工業化は国家の一大プロジェクトであり、その実現には巨大な資本投下を伴う長い道程を辿ることが想定されていた。

しかし今日、運輸や情報通信など生産拠点間を取り結ぶサービス機能が発達し、国際貿易では、自動車や衣類といったモノの越境だけでなく、生産工程における〈業務〉までもが各国の比較優位

図3-1　国際生産分業と「特別な場所」

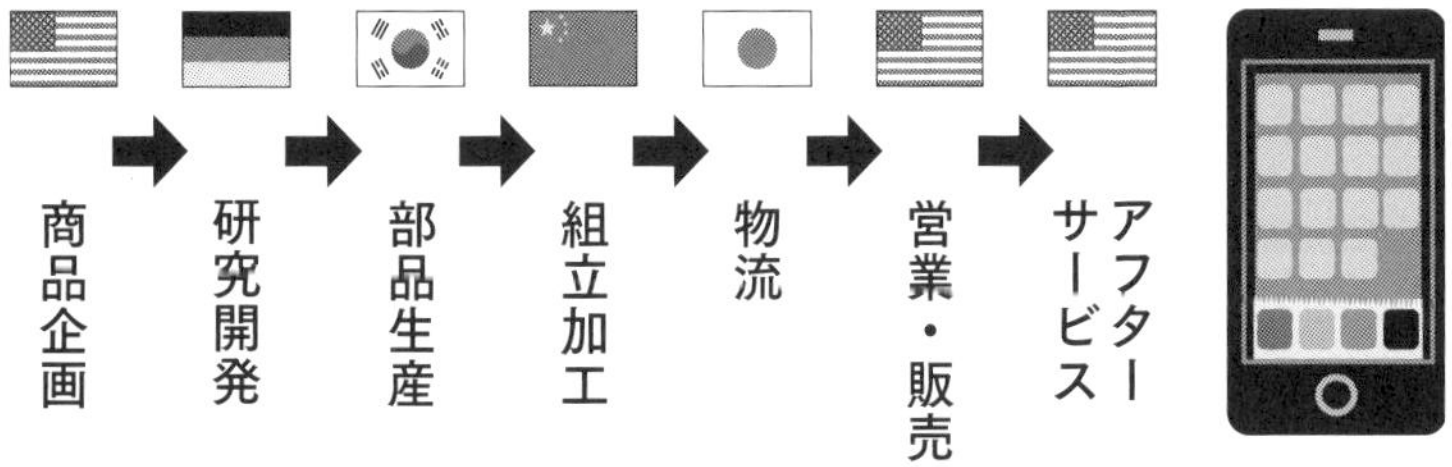

"Designed by Apple in California, Assembled in China"

出所：筆者作成。

を求めて国際展開する。その結果、企業は、産業や製品よりもさらに細かな「工程／業務」というレベルで自らの生産性を計り、分業システムの中で特化することが可能になった。開発途上国にとって、もはや日本や韓国のようなフルセット型の産業振興は必要ない。GVCに参加すれば、自国の技術レベルや要素賦存状況に見合った「特別な場所」をサプライチェーンの中に見出し、そこに注力することで、スマートフォンや液晶テレビのような高機能製品を世界標準で作ることができるのである(図3－1)[1]。

先進国で開発された技術（に基づく製品）が時間とともに陳腐化し、開発途上国へ生産が移転される。これによって、途上国の経済発展が促される。…こういった技術移転と経済発展に関する議論、たとえばヴァーノンの「プロダクト・サイクル論」あるいは赤松要の「雁行形態論」は、長年、開発経済学の中心論題を占めてきた。

では、生産システムのグローバル化という現在の文脈で、これらを改めて問い直すと何が見えてくるであろうか。

図3-2　名目GDPおよび開発途上国シェアの推移：1980～2022年

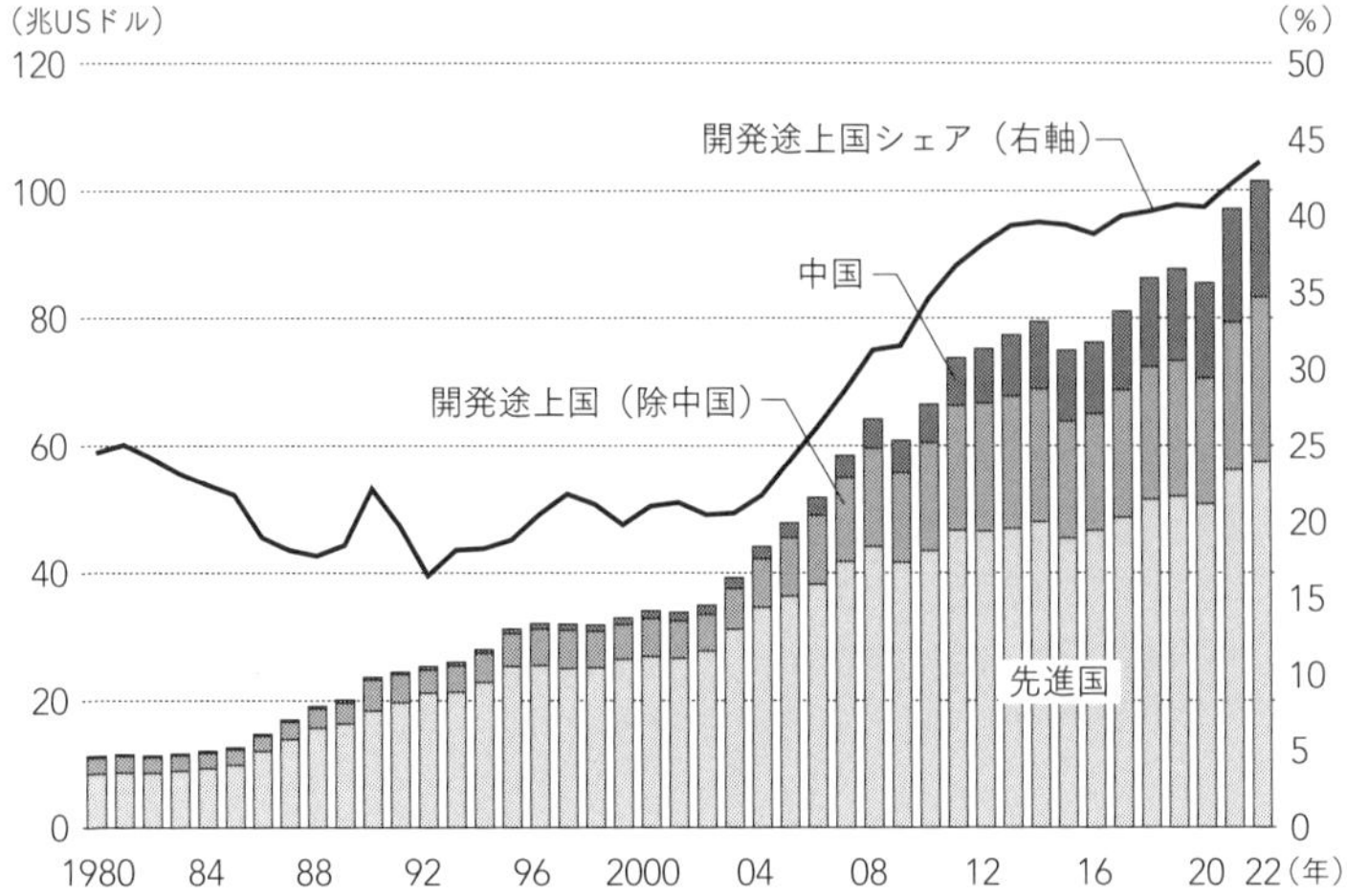

出所：International Monetary Fund [2023]

これまでの議論は技術の国際移転を産業レベルや製品レベルで考察しており、したがってそれは、比較的緩やかな時間単位で進行するものとされてきた。しかし、GVCにおける技術移転は特定の「工程」あるいは「業務」というミクロなレベルで展開する。それは、従来の議論にあるような、製品のコモディティー化を待った結果としての技術伝播ではない。むしろ、先進国主導企業と途上国企業との関係性の中で、しばしば強い動機と必要性を伴って起こるものである。これは、サプライチェーンが一連の技術的連関をベースに構成されているので、その全体最適化のためには、たとえ陳腐化していない技術でも途上国企業と共有することに合理性があるからだ。

GVCは技術の国際移転・伝播を加速させる。その結果、多くの途上国が伝統的発展論の

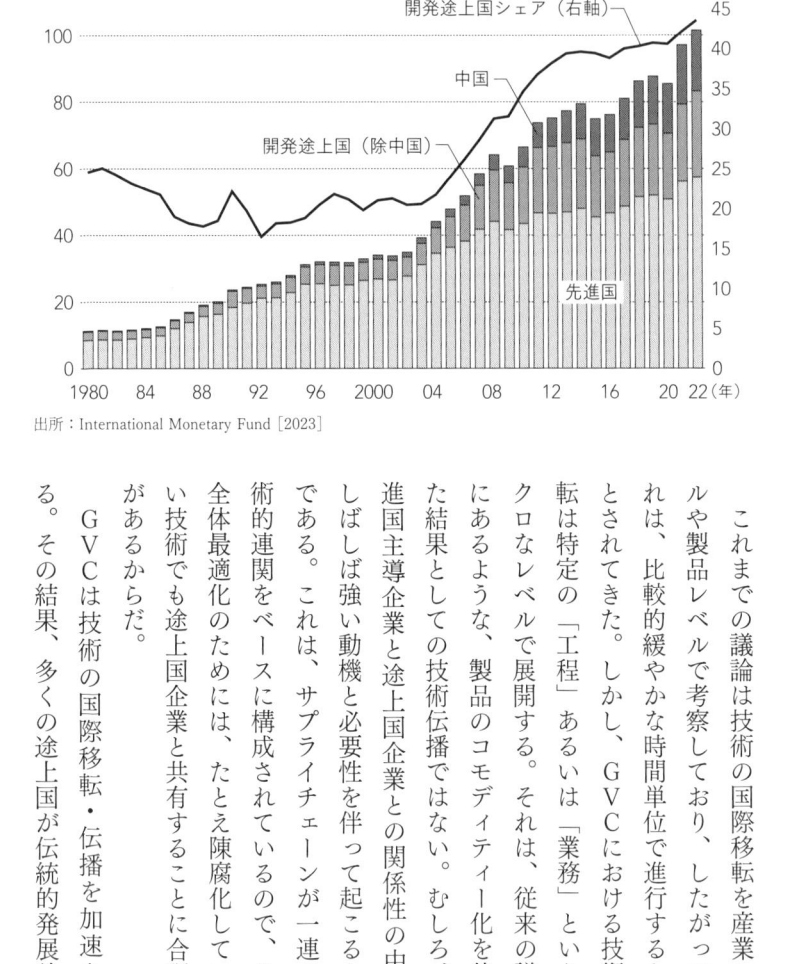

想定よりも遥かに速いペースで経済の高度化を実現した。すなわち、GVCには途上国経済の国際化・高度化の〈触媒〉として、経済発展のプロセスを大幅に圧縮する力があるのだ（図3－2）。GVCがもたらす「圧縮された産業発展（川上［2012］）」……しかし一方で、この変化のスピードに国際経済システムが対応しきれず、今日、先進国と途上国、あるいは異なった体制を持つ国々の間で急速に緊張が高まっている。GVCの視点に即せば、米中経済対立は、こういった大きな流れの構造的帰結として位置づけることができるのである。

歴史解釈に「もし（if）」は禁物と、よく言われたものである。しかし、もし米国政府の思惑通り、中国が体制転換によって自由主義陣営の一員となっていた場合、その急激な経済発展も、米国にとっては脅威となるどころか、むしろ歓迎すべきものとなったのではないか。80年代における日米貿易摩擦のような軋轢は起こったであろうが、大局的にはロシアに対抗する強力なパートナーとしての米中関係が成立していたかもしれない。

いっぽう、もし中国で経済発展がこれほど急激に起こらず、今でも低開発国の位置に留まっていたとする。すると中国は、権威主義的な政治体制であっても、米国にとって「非友好国」の一つとして数え上げられていたにすぎず、国家安全保障を根幹から脅かすような存在にはならなかったであろう。

しかし現実には、これら政治と経済の両側面で誤算があった。米国は、「異質な体制を持つ経済・軍事大国との対立」という、最も懸念すべき状況と対峙することになったのである。[2]

米中経済対立の原風景

歴史を振り返るまでも無く、保護主義的な政策は様々な国で幾度となく繰り返されている。しかし、２０１７年におけるトランプ米政権誕生の背景には、それまでと全く異なる原理に基づく国際経済の新たな姿があった。

専門的な知識と職能を要する農林水産業やサービス業と異なり、製造業は、生産設備との組み合わせによって、非熟練労働者に対しても広く雇用機会を与え、中間所得者層の形成とその成長を支えている。このため、製造業は雇用創出という観点から常に政治的な関心が向けられ、また、保護主義的政策は、もっぱら外国製品の攻勢から国内雇用を守るという動機に後押しされることが多い。

戦後、米国経済を牽引した自動車メーカー、いわゆるビッグスリーが、第2次石油危機でのガソリン価格高騰をきっかけに、早期より車種の小型化を進めてきた日本のメーカーから急速な追い上げを受けたというのはよく知られている。80年代初頭、自動車産業における日米貿易摩擦はピークに達し、ビッグスリーや全米自動車労働組合（ＵＡＷ）は、日本に対して輸出の自主的制限を求めるよう、米国政府へ圧力を強めていく。当時、米国内において自動車産業に従事する多くの労働者が一時解雇となった。日本車をハンマーで破壊する米国市民の写真が紙面を賑わせたのもちょうどこの頃である。

80年代の日米貿易摩擦は、米国自動車産業と日本自動車産業の間の、経営者トップから工場作業員までをも巻き込んだ全面対決であった。では、近年の「米中貿易戦争」では、いったい誰と誰が戦っていたのか。

元来、国内労働市場に対する国際貿易の影響については、もっぱら輸入との競合が引き起こす産業間の資源再配分（成長産業vs.斜陽産業）をめぐって議論がなされてきた。いわゆる産業空洞化の問題である。しかし既に述べた通り、近年、輸送手段や情報通信技術の発達によってサプライチェーンは生産工程ごとに切り分けられ、それら業務が最も効率よく行われる場所へと移転されるようになった。すなわち、今日の空洞化問題は、外国直接投資あるいは海外サプライヤーへの外注といった形で、産業レベルではなく「業務」というミクロな単位で起こっているのである。

では、産業空洞化（産業間の資源再配分）と業務空洞化（技術集約度の異なる業務間での資源再配分）の、国内労働市場に対する影響の違いは何か。

産業空洞化による構造調整は、いわば産業全体を一つのパッケージとして入れ替えるイメージである。したがって、斜陽産業において失職したものは、熟練労働者も非熟練労働者も、成長産業においてそれぞれの技術レベルに合った新たな職を見つけられる可能性がある（図3－3(a)：水平シフト[3]）。

いっぽう、業務空洞化の場合、様々な産業において同時的に非熟練労働への需要が減少するため、失職した非熟練労働者はその後の行き場を失ってしまう。むろん、相対的に熟練（高技術）労働への需要は高まるが、非熟練労働者が技能の格差を跳び越えて熟練労働へ切り替わるのは容易なこと

図3-3　グローバル化による労働市場の構造調整

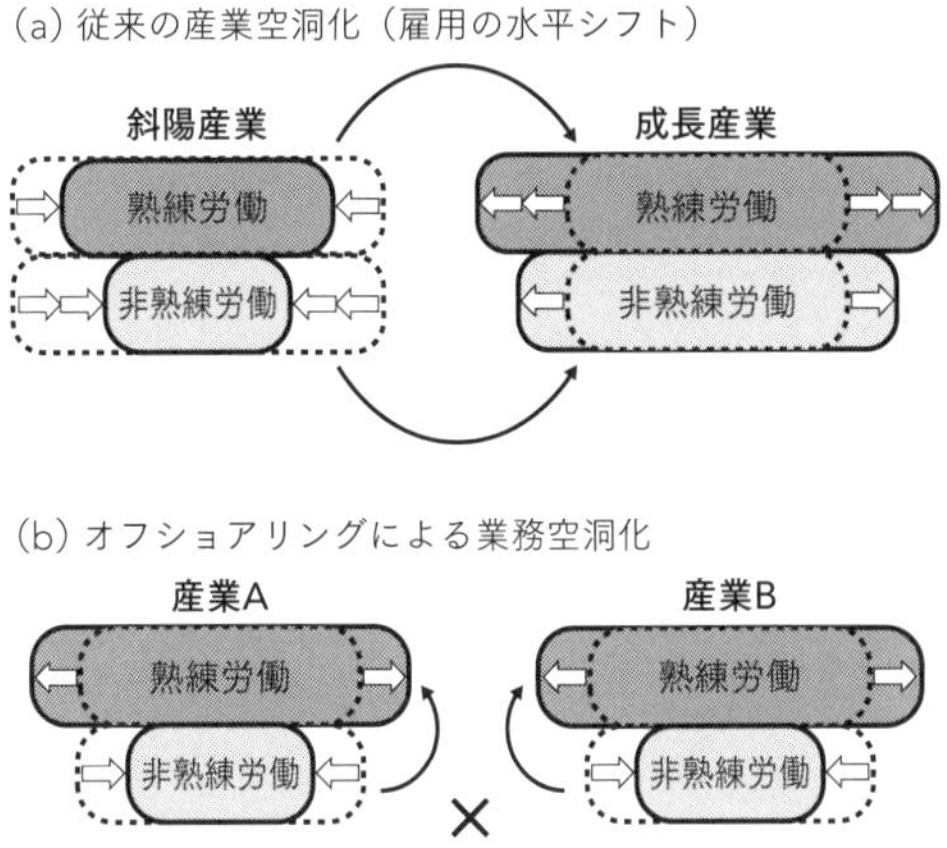

出所：筆者作成。

ではない（図３－３(b)：垂直シフト）。長期にわたる訓練が必要であり、技能習得への投資や失業中の生活保障など様々な調整コストを伴う。すなわち、産業空洞化に比べ、業務空洞化では非熟練労働に対する負の影響がより鮮明かつ集中的なものとなる。

２０１６年の米国大統領選挙において共和党陣営が新たに拓いたのが「非ヒスパニック系白人〈非熟練〉男性労働者」という票田である（Autor, et al. [2016]）。このカテゴリーに属する有権者こそ「中国ショック」によって戦場に投げ出された当人たちであって、その状況に対する不安・不満がトランプ政権を誕生させた動因の一つであるとする見方は少なくない。実際、中国は政府主導の強力な産業・輸出振興によって加工貿易という独特の経済発展システムを生み出し、地方農村の余剰労働力を世界経済進出への強力な武器へと叩き上げた。これにより労働集約的な生産工程においては、スケールメリットを存分に活かした形で比類なき競争力を得たのである。

すなわち、米中経済対立の発端は、日米貿易摩擦のような特定産業での市場争いではない。むしろ、米国のブルーカラーと、中国で無尽蔵に供給される安価な労働者との間の、非熟練労働をめぐる国境を越えた分配問題として位置付けることができる。いわば先進国どうしの戦いであった日米貿易摩擦と異なり、安い労働力を武器とする開発途上国との間で突如立ち現れた非対称的な経済構造、これこそが米中経済対立への嚆矢となった貿易不均衡問題の核心である。

ハイテク競争の時代へ

今日の米中経済対立は、非熟練労働の国際的な分配問題から始まった。これは、GVCという世界観が描く極めて現代的な現象といえるが、はて、彼ら非熟練労働者はいったい何をめぐって戦っているのか。仕事をめぐって、というのが字義通りの答えになるが、もう一歩踏み込んで考えてみると、本質的には、先進国に偏在する「知識」との関係をめぐって争っているのである。この知識は生産活動と関連付けることによって「知的資本（Knowledge-based capital）」と言い換えることができるが、それは、知的財産（技術特許、商標、フランチャイズ）のように明文化されたものだけでなく、経営に係わる手法や制度、組織構造、あるいは企業家精神といったものまで含んでいる。

先進国企業（に代表される知的資本）は最適な国際生産分業により生産性を上げて、自身の価値を高めようとする。いっぽう、途上国企業（に代表される安価な労働力）は生産機能の国際的な再配置に組み入り、価値創出の機会を得ようとする。これら二つの動機が両輪となって経済のグローバル化は進む。すなわち、今世紀の経済グローバリズムは、米国のブルーカラーと中国の労働者の間で対立を生みつつも、その根底では、北の知的資本と南の労働力の共謀関係によって成り立っていたのである。

さて、ＧＶＣの黎明期から発展期にかけて、先進国と途上国の間では、このような分業範囲の明確な棲み分けが行われていた。なぜなら、途上国の側に先進国の領域を脅かすほどの経済力が無かったからだ。

しかし、事態は急転する。世界金融危機を境とした低成長時代への突入、そして、開発途上国による急速な追い上げにより、いまや国際経済は、協調と競争を交互に繰り返すダイナミックなゲームへと大きく変貌した。それはつまり、先進国と途上国の間で「知識＝パワー」の分配をめぐる峻烈な戦いが開始されたことを意味している。先進国は国内の主要な技術が途上国へ流れ出ることを恐れ、一方の途上国は自国経済がサプライチェーンの低技術・低付加価値領域へ取り残されることを懸念している。かつてはきれいな棲み分けができていた国際分業体系において、それぞれが支配を目論むサプライチェーンの部位が徐々に重なり始めているのである。

ＧＶＣの発展によって、国際生産分業の単位が産業から製品、そして業務へと細分化を続けているが、このことが世界経済へ与える影響については、主に３つの視点から考えることができる。一つは途上国における産業高度化、もう一つは先進国における労働市場へのインパクトであり、これらについては、中国と米国を引き合いに本章でこれまで見てきた通りである。以下で述べるのは、3つめのポイント、安全保障への含意である。

米中対立の構図が、非熟練労働をめぐる貿易不均衡問題から、技術覇権をめぐる大国間競争へと変移した今、米中いずれの国にとっても、国際的な技術フローをサプライチェーン上で支配管理することが国家安全保障の根幹をなすに至った。

古典的な政治経済学に即せば、サプライチェーンの途絶リスクといえば、石油などの戦略物資が世界のどこに偏在しているか、といったことが問題とされる。これについては、戦前の対日石油禁輸や1970～80年代のオイルショックなどを考えても、その作用のメカニズムは比較的イメージしやすい。しかし今日、国際生産分業が業務レベルで細分化するとなれば、それに合わせてサプライチェーンのチョークポイントも業務レベルで拡散する可能性が生じる。たとえば、現代の戦略物資とされる半導体を考えてみよう。

そもそも半導体チップは、それ自体、最終製品の自動車やパソコンなどを構成するシステム部品の、そのまた一部を構成する極めて微細な機能部品である。しかし、この指先に乗るような製品は20以上の製造工程を伴い、さらに工程ごとで異なる製造装置や素材のサプライヤーがいるという。また、製造に入る前の開発・設計の段階でも工程の細分化が進んでいる。チップ全体の設計、その設計を支援するツールの開発、設計図のパーツとなる基本回路のデザインなど、それぞれの業務について異なった企業が特化している状況だ（太田［2021］）。

そして重要な点は、数珠のように連なるこれら業務が、サプライチェーンに沿って様々な国で行われていること、そしてそのいくつかは他社では代替が難しい高度な技術・ノウハウを用いていることである。半導体ファウンドリの最大手ＴＳＭＣ（台湾積体電路）が主に手掛けるのは、製造工程のなかでも前工程という限られた部分である。オランダＡＳＭＬの製造装置は、さらに、その前工程の中の「露光処理」という1点に特化している。しかし、高性能チップの製造工程においてはこれら2社が独占状態にあり、それぞれがサプライチェーンの強力なチョークポイントとなっている。基本回路のデザインをライセンスとして販売する英国アームも重要な存在だ。そして、日本による半導体3素材（フッ化水素、レジスト、フッ化ポリイミド）の輸出管理厳格化が韓国の半導体産業を震撼させたのも記憶に新しい。

では、このようなチョークポイントの「拡散」は、米中の技術覇権争いにどのような影響を及ぼすのであろうか。それは、国際的な技術フローの管理がこれまで以上に困難となり、また、それを徹底しようとすれば、多大な経済的コストと不確実性を伴うことである。たとえば、第1章で触れたトランプ米政権によるファーウェイ封殺を思い起こしてほしい（第1章　図1－2）。当初、米政権は台湾ＴＳＭＣからの高性能チップ供給を立ち切ることに注力していた。しかし、それだけでは中国の半導体ファウンドリＳＭＩＣによるチップ開発を止めることができないため、輸出規制範囲を2段階で拡張し、台湾ＴＳＭＣのみならず、オランダＡＳＭＬの製造装置についても供給差し止めを可能にしたのである。むろん、これら一連の措置により、日本を含む米国内外の産業界は甚大な影響を被ることとなった。

国際ルール分断の危険性

経済のグローバル化によって、先進国と途上国の力関係は大きく変化した。もしこの変化がより緩やかなペースで起こっていたのなら、我々は時間をかけて安定した新秩序を構築することができていたかもしれない。しかし、GVCが技術伝播の触媒として途上国の発展プロセスを著しく加速させた。

ことに中国は、80年代の改革・開放路線を経て急速に国際経済へ組み込まれてゆく。2001年、WTO加盟以降の貿易拡大は、他国に緩やかな構造調整の時間を許さない規模とスピードで展開した。まさに、「中国ショック」と呼ばれるゆえんである。その変化に国際経済システムが対応しきれず、今日、先進国、とりわけ米国との間で構造的ストレスを生み出している。産業補助金や競争政策、さらには人権や「法の支配」への認識など、異なった国内基準／制度を有する超大国どうしが同じ土俵に立ったというのに、国際的なルール作りが全く間に合っていないのだ。

国際経済学者ボールドウィンは、グローバル化時代における国際経済のガバナンスについて、古典的貿易論に準じる20世紀型の通商戦略と、GVCの展開を前提とした21世紀型の戦略との間に明確な線引きを行っている（Baldwin［2014］）。表3－1でその主要な相違点を併記した。

表3-1　国際ガバナンスの変遷

	20世紀型ガバナンス（古典的貿易論）	21世紀型ガバナンス（GVC）
国際貿易の概念	ここで生産し、そこで消費される Made-here, sold-there	いたるところで（協働で）生産・消費される Made-everywhere and sold-there
通商戦略	「そちらが市場を開放すれば、こちらも開放しよう」 "I will open my market, if you open yours."	「もし我が国からの投資が欲しければ、国際ルールに従いなさい」 "I give you my factories, if you do your own reform."
政策ターゲット	国境措置（関税削減など）による市場アクセス Market access through border arrangements（e.g. tariff-cut）	国際共通ルール構築 Regulatory convergence
政策ツール／フレームワーク	世界貿易機関、「浅い」貿易協定 GATT/WTO　'Shallow' FTAs	メガRTA／投資協定、「深い」貿易協定 Mega-RTAs/BITs　'Deep' RTAs

出所：筆者作成。
注：「浅い」貿易協定・「深い」貿易協定の概念はLawrence［1996］に基づく。

まず、20世紀型の視点では、国際貿易の概念が「ここで生産し、そこで消費される」という二項図式に落とし込まれており、したがってその通商戦略は「そちらが市場を開放すれば、こちらも開放しよう」という鏡像的原則に沿って立てられることになる。関税削減・撤廃など国境措置に関する「浅い」貿易協定が主要なツールとなり、協定の影響が及ぶ範囲、たとえば関税削減の効果などは、協定参加国と非参加国との間で明確に差別化される。

いっぽう、21世紀型のアプローチでは、従来の「ここで生産し、そこで消費される」という図式に代わり、「いたるところで（協働で）生産・消費される」というGVCの視点が前景化する。その主要なプレイヤーである多国籍企業は、サプライチェーンの最適化に向けて世界規模で生産拠点の配置を行うため、モノ／カネ／

ヒト／情報の国際的な流れについて、できるだけ多くの国の間で共通のルールが定められることが望ましいと考えている。従って通商戦略の焦点は、関税等の国境措置から、貿易、投資、労働移動など越境活動全般を包括する多角的ルール構築の問題へと移行しつつある。多国籍企業、あるいはそのビジネスを後押しする政府（もっぱら先進国）の交渉スタンスは、「もし我が国からの投資が欲しければ、国際ルールに従いなさい」といったもので、正当な競争や知的財産権の保護など、参加国の国内制度まで踏み込むような「深い」貿易協定による関係構築が重視される。

このように、20世紀型のガバナンスが鏡像的すなわち当事国どうしの比較的対等な関係に立脚するものであるのに対し、21世紀型ガバナンスでは、ルール作成者（＝先進国）と追随者（＝途上国）の間で圧倒的な力の差が存在することを前提としている。この力の差は資本力・技術力の差であり、先進国は「外国直接投資＝資本・技術移転」のカードと引き換えに、制度の改革や共通ルールへの準拠を途上国に迫るのである。

ここに、ボールドウィンの21世紀型ガバナンスが抱える構造的な弱点が存在する。このガバナンスはGVCの展開を前提とし、その発展を促すためのものである。しかし実際は、GVCそのものが開発途上国の急速な技術キャッチアップを可能にし、ガバナンスの基盤である先進国の絶対的優位性を揺るがしたのだ。

たしかに資本蓄積が進んでいない後発国に対しては、先進国からの資本移転がいまだ交渉カードとして有効かもしれない。では、中国のような新興大国はどうか。痛みを伴う国内改革を断行してまで、先進国との取引／ディールに応じるだろうか。そしてもし、中国にも地場のグローバル企業が数多く台頭し、独自のルールに基づいて21世紀型ガバナンスを展開し始めたとしたら？　あるいは既に、巨大経済圏構想「一帯一路」が中国版の21世紀型ガバナンスなのではないか？

たとえ現時点で直接的な武力衝突にならなかったとしても、その行き着く先は国際ルールの分断である。そしてそれが、経済のブロック化から世界大戦へと至った前世紀と同じ轍を踏む可能性を、我々は自信を持って否定することができるであろうか。

1……さらに、自動車や電子機器など一部の産業で、製品アーキテクチャのモジュール化が進んでいる。部品間インターフェースの標準化とともに技術的参入障壁が低下し、これも、途上国企業のGVC参入を促した。

2……ただし米国は対中関与政策と並行し、これら誤算に対するヘッジも行ってきた。このヘッジングは、次章で述べるとおり、ことに後期オバマ政権において前景化する。歴代政権も対中戦略については、関与とヘッジの間で常に揺れ動いてきたことには留意が必要である。

3……むろん、古典的な貿易論に即せば、先進国が輸入するのは概して非熟練労働を多く用いる産業の製品なので、それと競合する国内産業が衰退すれば、非熟練労働に対する需要は、熟練労働や資本要素に対する需要と比べてより大きく減少することになる。しかし、それに代わる成長産業には高い付加価値創出能力が期待できるので、生産要素の構成によっては非熟練労働者の多くを吸収することが可能である。したがって、この資源再配分が非熟練労働の雇用へ及ぼす正味の影響を予め定めることはできず、あくまでも実証的な問題ということになる。

コラム3　グローバル・バリューチェーン　誕生秘話

GVCの発展は、先進国と途上国との間に価値の創出・分配をめぐる複雑な連関構造を生み出した。これが極めて現代的な問題であるにも拘わらず、その背景には、国際生産分業の展開にまつわる産業革命以降の長い蓄積がある。そこで、ボールドウィン（Baldwin［2006］）の歴史観からGVC誕生の経緯を辿るとしよう（付図3－1）。

その昔、モノ、人、あるいは情報の移動が今日ほど容易ではなかった時代、経済活動は専ら共同体（＝村社会）という枠の中に収められていた。農民は十軒先のパン職人のため小麦を刈っては粉をひき、パン職人は毎朝近所から集まる住人のためにパンを焼く。「地産地消」が経済の原則であり、生産と消費は地理的な近接性を余儀なくされていた。共同体を越えたビジネスといえば、帆船による航海か、シルクロードをラクダで往来するキャラバンぐらいで、それも、絹製品や香辛料など、その膨大な移動時間と旅行のリスクに見合うだけの高級品のみが交易の対象とされていた。

サプライチェーンの国際展開は、18世紀後半に突如として起こった。蒸気機関の開発と産業革命、そしてそれに続く陸運（蒸気機関車）と海運（蒸気船）の飛躍的発達により、それまで共同体に限定されていた交易活動が爆発的な拡大を始めた。財の大量輸送が低費用で可能となったため、消費地は生産地から切り離され、モノは最も高く売れる場所を求めてより広く、より遠くへと移動していった（地理的分散：第1の波）。

輸送手段の発展によって地産地消の経済形態は解体したが、これは同時に、大規模工場や工業地帯に見られるような、生産活動の集積という新たな状況を生み出した。この背景としては、輸送費用の低下によって買い手＝消費市場の対象が拡大し、大量生産の経済性（スケールメリット）が高まったことがある。かつてアダム・スミスが古典『国富論』で例示したピンの製造現場のように、大量生産の原則は労働者を個別の作業工程に特化させ、労力を集中させることによって生産効率を高めることである。しかしこれは、多様な労働者の労力を最終的に一つの製品へと結集しなくてはならないので、工程間の複雑な調整作業を伴う。そこで、調整を容易にするために、生産工程の諸段階を1つの立地（＝工場）に集約したのである。

しかしこの状況も、1980年代に起こったIT（情報技術）革命によって一変する。テレックスからファクシミリ、そしてインターネットへと、より廉価かつ高速な国際通信網が急速に発達したことにより、生産工程間の調整は遠隔でも容易に行うことが可能となった。商品の販売予測や部品の調達状況は瞬時に生産ラインへ伝えられ、電子化された詳細な製品仕様やデザイン情報が全製造拠点で共有される。生産者は「工程間調整のため、近接した空間に生産機能を集約する」という、それまでの制約から解放され、生産工程の技術的分離と、生産要素の価格差を求めた製造拠点の地理的分散が始まった（第2の波）。

また、サプライチェーンの国際展開は制度的な変化によっても促される。戦後、GATT（関税及び貿易に関する一般協定）の設立で貿易自由化への枠組みが整備され、さらにWTO（世界貿易機関）への移行に伴い多国間交渉による関税率引き下げの動きが活発化した。関税は、輸入部品や原材料の価格に上乗せされる調達コストであり、国際輸送費用の一部として考えることができる。また、国際分業体系の複雑化によって多国間交渉の枠組みでは扱い難くなった品目・事項については、FTA（自由貿易協定）やEPA（経済連携協定）などの地域貿易協定がそれを補完するよう

付図3-1　地理的分散　二つの波

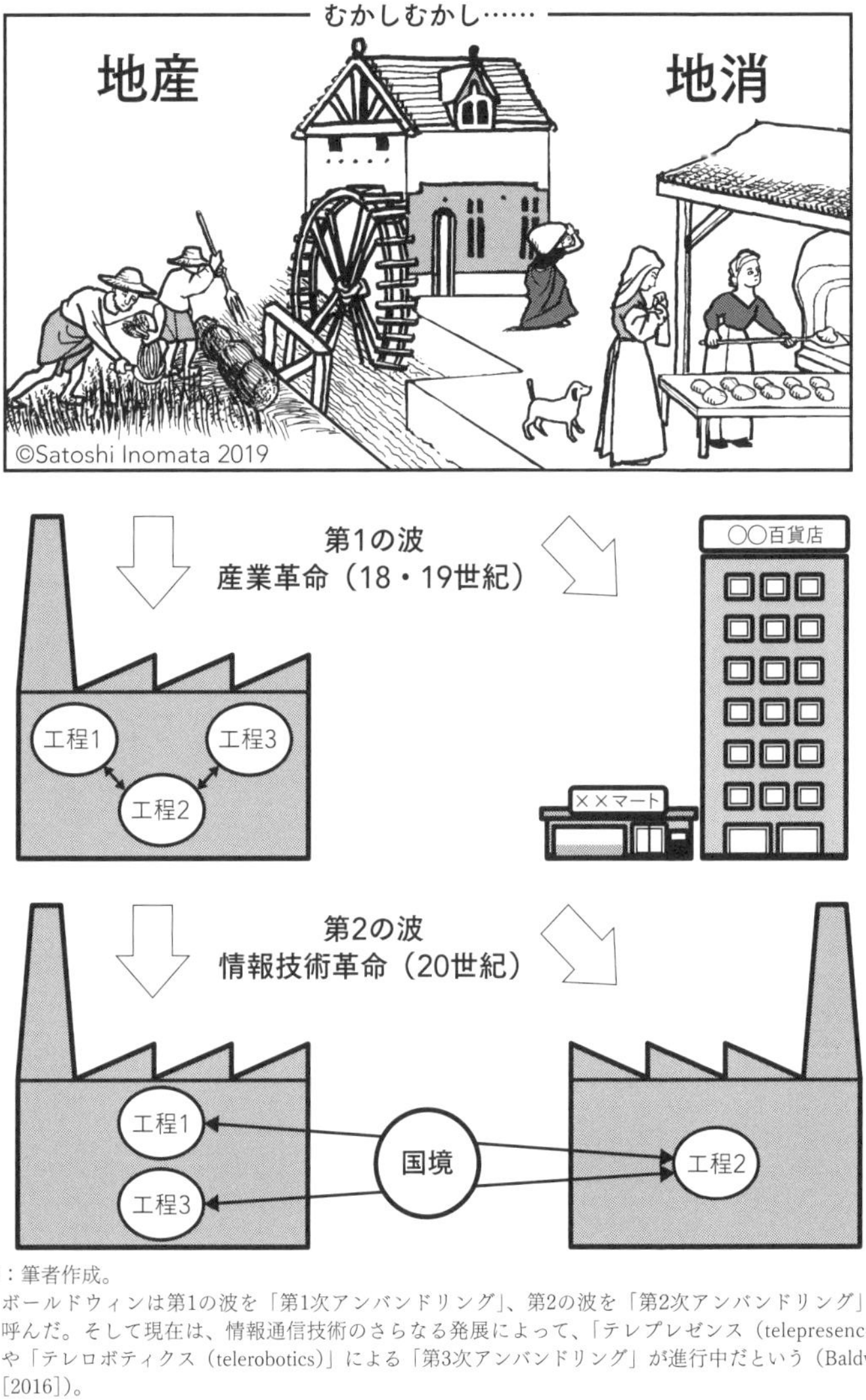

出所：筆者作成。

注：ボールドウィンは第1の波を「第1次アンバンドリング」、第2の波を「第2次アンバンドリング」と呼んだ。そして現在は、情報通信技術のさらなる発展によって、「テレプレゼンス（telepresence）」や「テレロボティクス（telerobotics）」による「第3次アンバンドリング」が進行中だという（Baldwin [2016]）。

になった。

同様に、輸入品の通関に必要な諸手続きの費用（書類作成費用や申請手数料等）および税関での待ち時間も広義の輸送費用として含まれる。お役所主義の撤廃や、ライセンス供与／動植物検疫など国内規制の国際標準化、そして手続きの透明性と非差別原則の徹底は、輸送費用の縮減に大きく貢献する。

このように財の生産活動を支える二つのサービス機能〈運輸と情報通信〉の発展は、それぞれ異なったタイミングに異なった形でサプライチェーンの国際展開を促した。18・19世紀における第1の波は、蒸気機関の開発による輸送費用の低下によってもたらされた。伝統的な「地産地消」経済での生産と消費は地理的に分離され、グローバルなマーケティングによる海外市場の開拓が進んだ。20世紀における第2の波は、戦後の貿易自由化、そしてIT革命による工程間調整の費用減少によって引き起こされた。生産活動は「工程／業務」レベルで分割され、各国の比較優位を求める形で製造拠点の海外移転が加速した。また、電子商取引などの普及により、消費市場はさらなる遠隔地への拡大を続けている。

第4章

米中デカップリングのゆくえ

デカップリングとは何か

今日の米中関係を言い表すキーワードの一つに「デカップリング」がある。日本語では「分断」と訳されることが多いようだが、考えてみれば興味深い言葉だ。「デカップリング」の「デ（de-）」は、その後に続く単語の意味を反転させる接頭辞である。たとえば、金融業界で使われる「de-risking」は、ヘッジ取引などによって価格変動リスクを抑える行為を指す。[1]

ではそもそも、接頭辞「de」が反転させる「カップリング」とは何か。

社会科学のなかで「カップリング」という言葉が注目を集めたのは、社会学者ニクラス・ルーマンの功績によるところが大きい（ルーマン［2020］）。彼が提唱した「構造的カップリング」とは、複数のシステムがそれぞれ自律性を保持したまま、それらを包摂する新たなシステムが誕生することを指している。冷戦後、米国の対中関与政策にも拘わらず両国の価値観や社会制度が歩み寄ることはなく、結局、今日に至るまで別個の社会システムが併存している。しかし、経済の分野では90年代から相互浸透が進み、GVCという新たなシステムの成立へ至った。[2] 米中対立が体制間競争といった様相を呈する今日、システム論的なカップリング概念に基づく「〈デ〉カップリング」という言葉は、実は、米中関係の本質を捉えた的確な表現であると考えられる。

デカップリングは、GVCに関して言えば、それを構成する4つの要素、すなわち、モノ、カネ、ヒト、情報（知識）の国際生産ネットワークが、それぞれ複数のサブ・ネットワークへと分離する

図4-1　米中経済関係の推移：1990～2022年

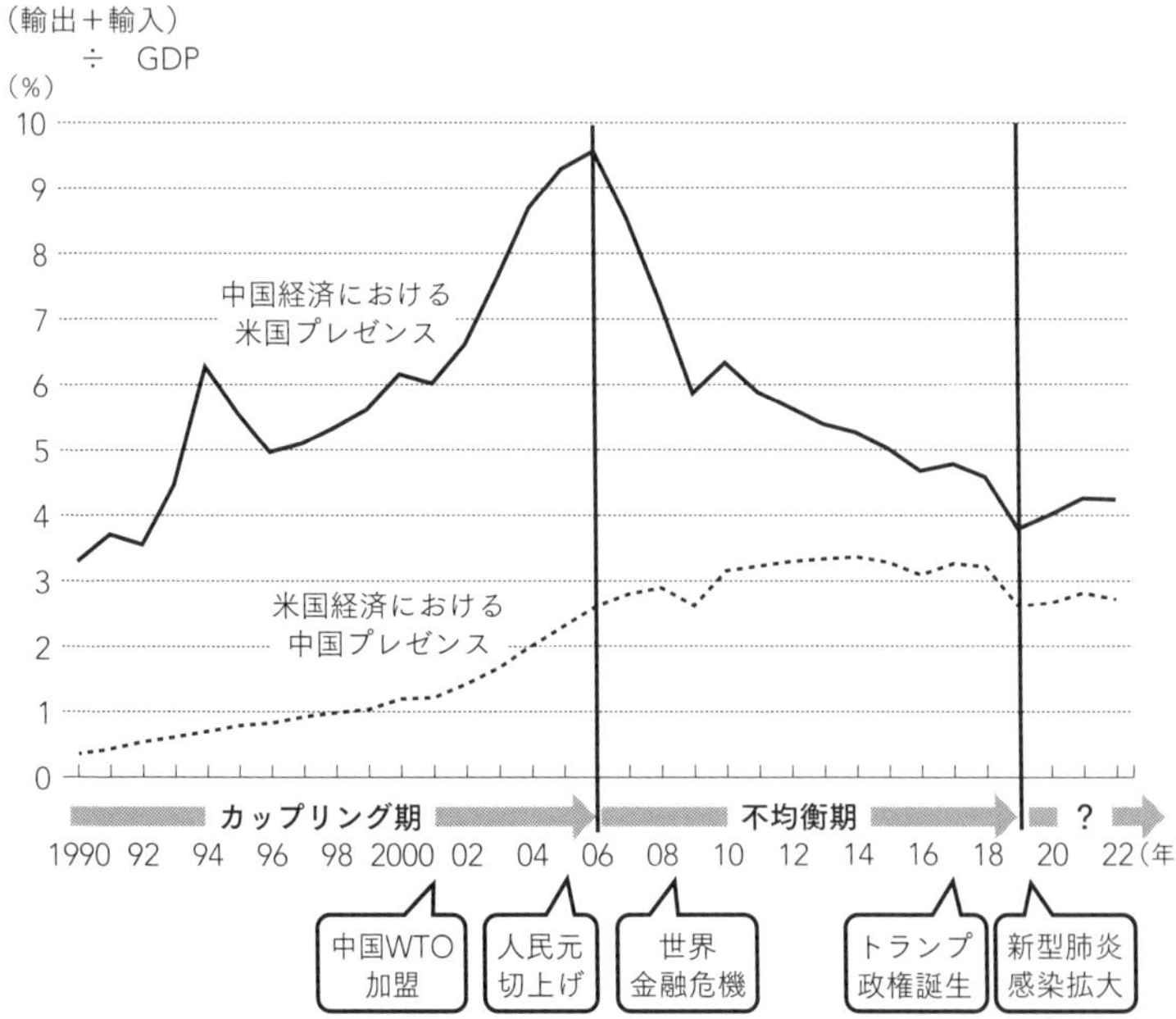

出所：IMF International Financial Statistics, Direction of Tradeより筆者作成。

現象とされる。これを「米中デカップリング」というように二国間で考えた場合、自国の生産ネットワークの中で、相手国の経済的プレゼンスが、両国で同時に小さくなることを意味する。具体的には、財・サービス貿易、外国直接投資、金融商品取引、移民や留学生・専門家派遣、国際共同研究といった相互関与が縮小を続けることである。また、モノの流れの場合、直接的な交易関係だけでなく、相手国が関わるサプライチェーン全体の分断を考えることもある。[3]

図4－1は、米中それぞれのGDP（国内総生産）に対する両

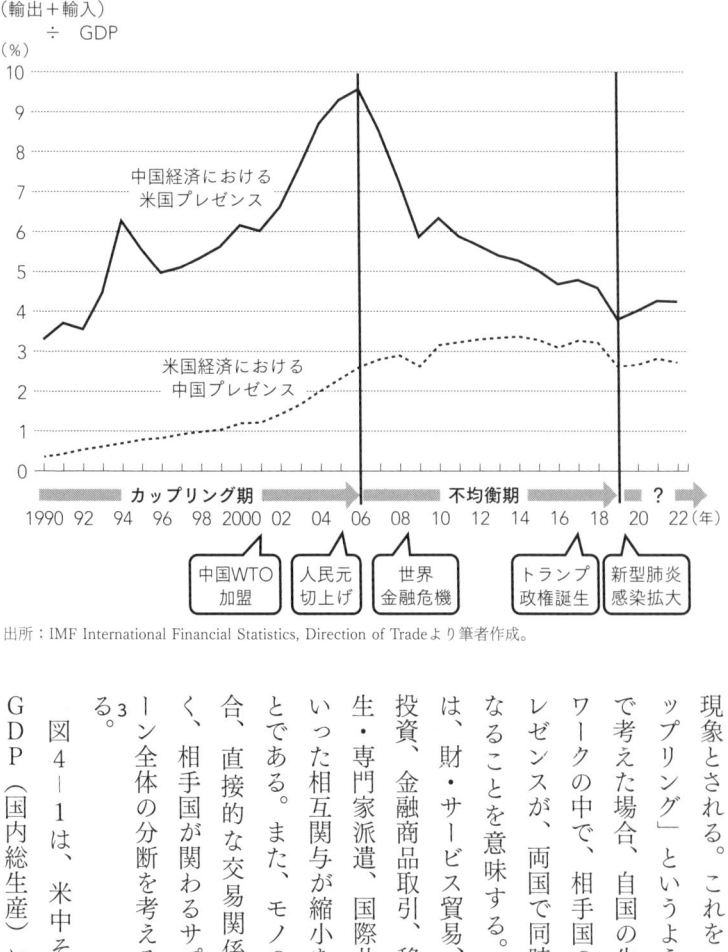

国間貿易の比率を示している。ＧＤＰを自国の経済活動量とすると、自国のＧＤＰと、相手国との貿易額（輸出＋輸入）を比較することで、自国の生産ネットワークにおける相手国のプレゼンスを計ることができる。

中国の生産ネットワークにおける米国のプレゼンス（実線）は、２００５年の人民元切上げまで拡大傾向にあったが、その後は中国経済が内需志向へ構造転換したことによって減少を続けている。いっぽう、米国（点線）では世界金融危機に至るまで対中貿易の比率が伸び続け、その後の10年間は横ばいといった状況だ。すなわち、両国で相手国との貿易が拡大した２００６年までを「カップリング期」、それ以降は中国が一方的に対米依存を減らしている「不均衡期」と考えることができる。そして、米トランプ前政権による対中強攻策がフル稼働を始めた２０１８年、両国で同時に貿易額比率が減少する。その後、パンデミックの襲来と共に数値が反発しているが、これは、中国が早い段階で感染を押さえ込み、経済を再稼働させたいっぽう、感染拡大が続く米国では中国製の医薬品や医療機器、仕事のリモート化に伴うＩＴ機器への需要が急増したからである。パンデミックの収束後、この流れがデカップリングへと向かうのかが注視される。[4]

デカップリングの政策ツール

ある政策や法令が、デカップリングへ向けられたものかどうかを特定することは難しい。一般的に、「デカップリング」という用語自体が政策名称や条文の中に表れることはなく、また、一見してデカップリングとは関係のない目的を併せ持った法規も少なくないからである。あくまでも想定される政策効果の性質をもって、関連性を判断することになる。

表4－1、表4－2は、そのような基準で作成したデカップリング政策ツールのリストである。時系列で見ると、その展開には、先に米国が仕掛け、それに中国（表4－2では網掛け表示）が対抗するといった基本パターンを読みとることができる。これは、当初の関税合戦においても、それ

中国の対抗措置		
追加関税	課税対象額	課税対象製品
アンチダンピング措置		コーリャン
15% 25%	30億ドル	果物、ワイン、鋼管等、120品目 豚肉、アルミニウム屑等、8品目
25%	340億ドル	大豆、牛肉、豚肉、自動車等、545品目
25%	160億ドル	自動車、鉄鋼、銅、144品目
5%－10%	600億ドル	LNG、航空機、レーザー機器、5207品目
5%－10%	750億ドル	冷凍水産品、大豆、原油等、1717品目
5%－10% 5%－25%	750億ドル	穀物、バイク、蒸留酒等、3361品目 自動車および部品

表4-1　デカップリング政策ツール：米中関税合戦

発動日および根拠法	米国の制裁措置		
	追加関税	課税対象額	課税対象製品
第0弾－(1) 2018年2月7日 (通商法201条)	緊急輸入制限（セーフガード）措置		家庭用洗濯機（最大30%） 太陽光パネル（最大50%）
第0弾－(2) 2018年3月23日～ (通商拡大法232条：複数国が対象　*注)	25%	－	鉄鋼
	10%	－	アルミニウム
第1弾 2018年7月6日 (通商法301条)	25%	340億ドル	自動車および部品、航空機、産業ロボット等、818品目
第2弾 2018年8月23日 (通商法301条)	25%	160億ドル	半導体、化学製品、鉄道車両等、284品目
第3弾－(1) 2018年9月24日 (通商法301条)	10%	2000億ドル	食料品、家具、家電等、5745品目（携帯電話やパソコンは対象外）
第3弾－(2) 2019年5月10日 (通商法301条)	10%→25%	2000億ドル	食料品、家具、家電等、5745品目（携帯電話やパソコンは対象外）
第3弾－(3) 2019年10月1日 (通商法301条) →発動見送り	25%→30%	2500億ドル	第1～3弾対象品目
第4弾－(1) 2019年9月1日 (通商法301条)	15% （第1段階合意で7.5%へ引き下げ）	1100億ドル	半導体メモリー、テレビ、衣服や靴、時計等、3805品目
第4弾－(2) 2019年12月15日 (通商法301条) →発動見送り	15%	1560億ドル	携帯電話、パソコン、玩具等、555品目

出所：筆者作成。
注：鉄鋼・アルミニウムへの追加関税は、当初、カナダ、メキシコ、EU、オーストラリア、アルゼンチン、ブラジル、韓国を除外。後にカナダ、メキシコ、EU、韓国にも発動。

表4-2　デカップリング政策ツール：貿易規制の応酬

トランプ政権─習政権（2017年1月20日－2021年1月20日）

米国　2018年08月

国防権限法2019	輸出管理改革法（ECRA）	● 新興技術／基盤的技術、あるいはそれらを含んだ製品の輸出管理に関する大枠を規定。米国輸出管理規則（EAR）の根拠法。
	外国投資リスク審査現代化法（FIRRMA）	● 輸出許可が必要となる相手が米国企業に投資する際の、外国投資委員会（CFIUS）による事前審査。
	中国企業製通信機器等の政府調達禁止(法律ではない。)	● 中国通信機器企業5社の製品の、米国政府機関による調達禁止。 ● それら中国企業の製品を本質的に利用している企業と、米国政府機関との取引禁止。

米国　2018年10月～　中国企業の掲載が急増

商務省 産業安全保障局(BIS) 管轄 米国輸出管理規則(EAR)	以下のリストに掲載されたものについては、EAR対象品目の輸出／再輸出／同一国内での販売・提供を許可制とする、あるいは許可例外の使用を認めず。 【許可制（原則不許可）】 ● Denied Persons List：悪質・重大な輸出管理違反を犯したもの、 ● Entity List：米国の安全保障や外交上の利益に反するもの、 【許可例外使用不可】 ● Unverified List：最終用途・IDが確認できないユーザー。
財務省 外国資産管理局（OFAC）管轄	Specially Designated Nationals List 国連制裁国、米国禁輸国、テロ支援国の政府機関、関連企業・銀行等に対し、在米資産の凍結／ドル取引の禁止。

中国　2020年01月

外商投資法	軍事関連分野、重要技術等に対する、外資による投資を禁止。

米国　2020年05月

国際緊急経済権限法(IEEPA) に基づく大統領令	特定国の情報通信機器・サービス企業と、米国企業または米国内に存在する企業の取引禁止。･･･国防権限法2019での政府取引禁止を、米国内の民間取引まで拡大。

米国　2020年06月

ウイグル人権法	新疆ウイグル区で著しい人権侵害を行ったものへの処罰。

米国　2020年07月

香港自治法	中国大手銀行への金融制裁へ向けた、米銀行との取引停止を可能に。

中国　2020年09月

信頼できないエンティティ・リスト	中国の主権・安全・発展を脅かす、あるいは中国企業との取引を妨害するものに対し、貿易投資／入国滞在の禁止・制限／刑事罰。

米国　2020年12月

外国企業説明責任法（HFCAA）	監査情報を3年間非開示、あるいは中国政府の支配下にないことの証明がなされていない企業の、米国証券市場上場廃止。

中国　2020年12月

輸出管理法	両用品、軍用品、核および関連技術の禁輸。

中国　2021年01月

外商投資安全審査弁法	軍事産業や国家安全保障に関わる重要農産品・インフラ・技術・金融サービスなどに対する外国投資の審査を強化。

中国　2021年01月

外国法・措置の不当な域外適用の阻止弁法	●外国の制裁法規に従うことの禁止。 ●違反した場合、中国企業が被った損害の賠償責任。

バイデン政権—習政権（2021年1月20日～）

米国　2021年03月

安全で信頼できる通信ネットワーク法（2019）の適用	（特に地方区について） ●政府補助金の利用による中国通信機器企業5社との取引を禁止。 ●その製品の撤去・交換を進めるための助成。

米国　2021年04月

大統領令「米国の基幹電力システムの外国敵対者等からの保護」	国内基幹電力網で使用する部品について、敵対国の製品を排除。

米国　2021年05月

大統領令「軍産複合企業リスト」制	中国の防衛関連／監視技術企業の、米国企業・個人による株式売買・保有の禁止

中国　2021年06月

反外国制裁法	中国に対して「不当な差別的措置」を行うもの、主権、安全、発展の利益を害するもの、およびそれを支援するものの、ビザ発給停止・取消／国内資産凍結／関連取引等の活動禁止・制限。

米国　2021年10月－2022年03月

中国国営通信企業の米国からの排除	中国国営通信企業4社の事業免許取消し。

米国　2022年01月

ウイグル強制労働防止法	ウイグル産品の輸入禁止。

米国　2022年08月

CHIPS・科学法	国内半導体製造の支援に527億ドルの財源手当。補助金の受領者は、中国を含む「懸念国」に対する高性能半導体関連の外国直接投資を10年間禁止。
インフレ抑制法	EVの購入については最大7,500ドルの税額控除。ただしその要件として、車両の最終組み立てや、バッテリー用部品の製造（50%以上）が北米で行われていること。

米国　2022年10月

高度コンピューター・半導体関連製品の中国への輸出管理強化	● 高性能演算チップ、スーパーコンピューターとそのアプリケーション、先端半導体製造装置などが対象。ほぼ全面的に禁輸。 ● 米国籍者が中国企業で先端半導体の製造に従事することを禁止。

米国　2022年12月

国防権限法2023	中国企業製部品（半導体等）を含む電子製品等の政府調達禁止。
包括的歳出法2023	● 安全保障に関わる対外直接投資について、報告の義務付け・審査。 ● 外国企業説明責任法による上場廃止の猶予期間を3年から2年に短縮。

米国　2023年01月

米国知的財産保護法2022	重大な企業秘密窃取関与の外国人に対し、資産凍結など金融制裁、ELへの掲載。

出所：安全保障貿易情報センター（CISTEC）、日本貿易振興機構（JETRO）、米国商工会議所の情報をもとに筆者作成。

以降の貿易投資規制の応酬においても顕著である。

表の作成で参照した安全保障貿易情報センター（CISTEC）、日本貿易振興機構（JETRO）、米国商工会議所などの情報群から米中両国の政策を比較すると、米国の政策ツールは概して目的意識が明確で、どのような相手について、何を対象に、どういった規制を行うのか、といったことがほぼ明示されている。これに対し、中国の政策ツールは未確定な部分が多く、その運用方針がはっきりしない。たとえば、中国輸出管理法は第45条で「再輸出」について言及しているが、その適用範囲は曖昧なままである。

これには、ツール発動にあたって最大限の自由裁量を残しておきたいという中国政府の思惑が伺える。規制物資の価格変化や開発状況の不確実性に加え、諸外国との政治的関係が流動的であるからだ。また、ターゲットを特定することが、対中貿易・投資活動へ悪影響を及ぼすかもしれないという経済的事情への配慮もあるだろう。あるいは単純に輸出管理の経験値が低いため、制度構築に時間がかかっているだけかもしれない。

さらに土屋［2021］は、中国政府がこういった運用上の曖昧性を戦略的に残している可能性を指摘している。たとえば、輸出管理法第9条第2項は「輸出管理リスト以外の貨物、技術とサービスに対しては臨時管理を実施し、公告することができる（前掲書より和訳文引用）」としているが、これにより、中国国内で操業する外国企業に対し、政府はその輸出品の事後的・恣意的な許認可審査の要求、引いては関連技術の開示を求めることができる。

Drezner［2021］は経済制裁の効力を高めるには制裁の目的を明確にする必要があることを説いた。米国型の明示的規制と中国型の曖昧戦略、対外制裁ツールとして見た場合、果たしてどちらがより有効であるかは興味深い問題である。

米中で異なるデカップリングへの意気込み

図4－2は、モノ、カネ、ヒトのGVCについて、デカップリング政策ツールが米中間フローのどこをターゲットとしているかを示している。図から分かるように、いずれの国際フローも何かしらのツールによって遮断されている。また米国は、その「執拗さ」において中国の比でない。両国

図4-2　米中間GVCフローに立ちはだかる規制の壁

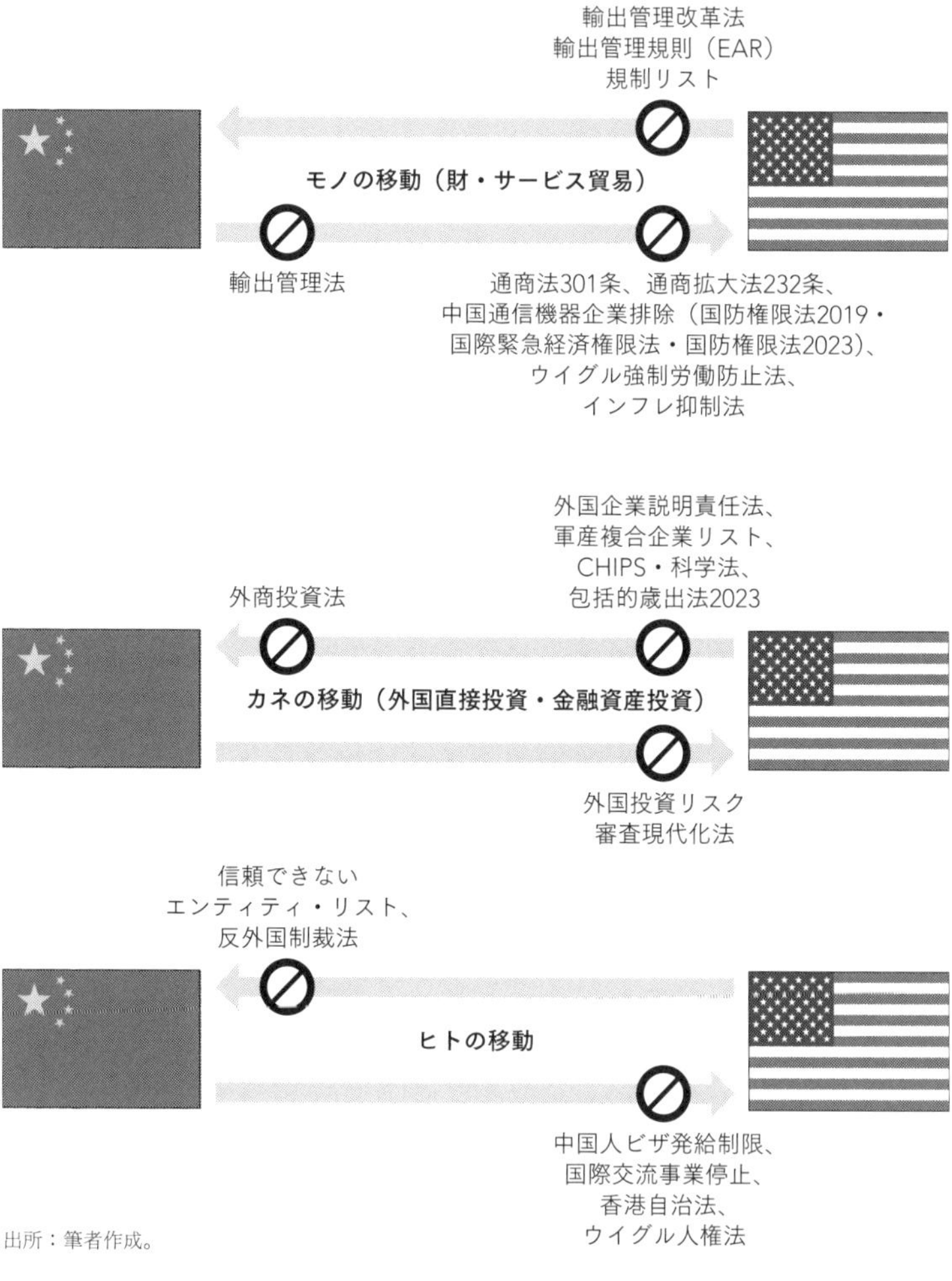

出所：筆者作成。

の間で、デカップリングへの意気込みに明確な温度差があることがうかがえる。[5]

第3章で見たとおり、GVCには国間の技術移転を促す機能がある。中国はその機能を理解し、最大限活用して技術大国への道を切り開いてきた。しかし、米国に対してはいまだ多くの分野で後塵を拝しており、今後もGVCを介した技術キャッチアップを続けたいというのが本音のはずだ。

習近平政権が2020年に提唱した「双循環」は内需主導型の国内経済連関を主軸に置きつつも、それと連動させる形で対外経済連関も併せて発展させるという目標を掲げている。つまり、そもそも中国サイドから経済的な理由で自発的にデカップリングを仕掛ける理由は乏しく、これまでに発動した貿易制限措置も、むしろ「やられっぱなしではいられない」という国家的メンツに寄るところが大きかったのではないか。

また、習総書記は党内部会議において講話を行い、貿易投資を通じて諸外国経済を中国の生産システムへ従属させることにより、対外的な抑止力を高める必要性を説いている（習近平［2020］）。この点でも、サプライチェーンのデカップリングはロジックとして戦略目標と一致しないことが理解できる。

ただし中国の輸出管理法は、第48条で報復措置を規定しているものの、その制度構築は米国との貿易戦争が激化する以前の2017年6月から既に始まっていた。中国はスーパーコンピューターやビッグデータ解析、あるいは電子決済などの情報通信分野で飛躍的な発展を遂げており、また現在、特許の出願数においては世界一となっている。そういった変化を背景に、政権が自国技術の海外流出に対して警戒を高めていたのも事実であり、実際、国内におけるデータ・知的財産権の保護強化およびグローバルな知財ガバナンスに対する積極的な関与の動きも見られている（松本[2022]）。一連の貿易投資規制を、すべて米国への対抗措置として片付けてしまうのは無理があるだろう。中国はGVCとの関わり方について、いまだ試行錯誤の中で揺れ動いているのだ。

侮れないデカップリング・リスク

いっぽう、米国のデカップリング政策については、明確な政治的動機を考えることができる。まず、国内雇用の問題に絡めた有権者対策である。トランプ前大統領は「タリフ・マン」を自称し、製造業を中心にあからさまな対中貿易戦争を展開した。むろん、米国において製造業が縮小したのは、なにも「世界の工場」たる中国の躍進を待ってのことではない。それは、戦後一貫した傾向として広く認められている。しかしトランプ政権は、中国からの急激な輸入増加と国内所得格差の拡大という現象を一本の線で強引に結びつけ、デカップリングによって雇用を国内に取り戻すという有権者向けのレトリックを作り上げた。

もう一つは安全保障の問題である。これは現在、米国がとりわけ中国とのデカップリングに執心する最大の動機となっている。

そもそも軍事転用が可能な機微技術やそれを含んだ製品については、ワッセナー・アレンジメントという国際的な輸出管理体制が存在する。米国の輸出管理規則（EAR）の規制対象技術・品目

表4-3　兵器規制の国際条約と輸出管理レジーム（2020年現在）

	大量破壊兵器関連				通常兵器関連
	核兵器	生物・化学兵器		ミサイル	通常兵器
【国際条約】 核兵器、生物・化学兵器そのものを規制	**核兵器不拡散条約（NPT）** ●1970年発効 ●191カ国締約	**生物兵器禁止条約（BWC）** ●1975年発効 ●182カ国締約	**化学兵器禁止条約（CWC）** ●1997年発効 ●193カ国締約		
【輸出管理レジーム】 大量破壊兵器等及び通常兵器並びにそれらの開発等に用いられる技術や汎用品の輸出を管理	**原子力供給国グループ** （NSG） ●1978年発足 ●48カ国参加	**オーストラリア・グループ** （AG） ●1985年発足 ●42カ国＋EU参加		**ミサイル技術管理レジーム** （MTCR） ●1987年発足 ●35カ国参加	**ワッセナー・アレンジメント** （WA） ●1996年発足 ●42カ国参加

出所：経済産業省［2020］をもとに筆者作成。

は、原則的にワッセナー・アレンジメントを中心とする国際レジームに即した形で定められている（表4―3）。

しかし、デカップリングによって技術漏洩を阻む試みは、いくつか実践上の困難を抱えている。まず、民生用技術と軍事用技術をいかにして区別するかという問題。たとえば、東日本大震災による福島第一原発の事故現場へ投入されたのは、イラクやアフガニスタンで活躍した軍用ロボットであった。また、ドローン（無人航空機）は、宅配サービスのラスト・マイルを担うかたわら、2020年のアゼルバイジャンとアルメニアの紛争ではその戦局を左右したとまで言われている。今日、生活圏の高度化に伴い先端テクノロジーが日常の隅々まで浸透し、デュアル・ユース（軍民両用）の範囲が著しく拡大した。

すると、このような技術的グレーゾーンの存在ゆえ、制度構築のなかで技術や製品が規制対象として過剰に囲い込まれる傾向が生じる。行政サイドにとって機微技術の管理漏れは政治責任の代償が大きいからだ。本来ならば、軍事技術に関わるものだけを特定するための徹底したリサーチと、技術者・専門家との幅広い情報交換を積み重ねる必要がある。しかし、国際関係が緊張を高めるなか安全保障への強迫観念が先行し、そういった作業がおざなりにされてはいないか。むろん、政策決定プロセス、管轄官庁の組織構造、官民の力関係の違いなどにより、国によって程度の差はあるだろう。しかし、行きすぎた技術管理はイノベーションのダイナミクスをそぎ、逆にその国力を弱めることになる。

また、技術のグレーゾーンは国内にゾンビ企業を産み落とす危険性がある。既に国際競争力を失っている産業にありながら、「我こそは国家安全保障の要」と謳い、管轄官庁へロビー活動を仕掛ける企業が頻出するかもしれない。安全保障の名目が国内産業保護の目的で乱用されれば、市場メカニズムによる構造調整は滞り、経済基盤がますます脆弱になっていく。

たとえば2018年、トランプ政権は米国通商拡大法232条を盾に、鉄鋼製品・アルミニウム製品の輸入に対して、それぞれ25%と10%の追加関税を課した（前掲表4－1）。第232条は1962年に成立した法律で、ある製品の輸入が「国家安全保障への脅威」と判断された場合、関税引き上げなどの是正措置を大統領が発動できることを定めている。あくまでも米国による諸外国への一方的な措置であり、なぜ鉄鋼やアルミ製品が安全保障に関わるのかといったことへの説明はない。一般的には、その後の中間選挙を見据えた国内選挙対策、ことに、鉄鋼業の衰退が著しい米国中西部「ラストベルト」を意識したパフォーマンスという見方がされている。つまるところ、先述した有権者対策としてのデカップリングに安全保障の過剰演出を施したということである。

現在では米国でも「small yard, high fence（小さな敷地、高い防壁）」ということが謳われている。すなわち、できるだけ規制の対象を絞り込み（small yard）、ただし、対象となった製品・技術については、決して漏れが生じないよう厳格に管理する（high fence）ということだ。過度な政策介入を抑えるため、機微技術の線引きについては、企業側も情報共有や意見具申を通して行政に圧力をかけ続ける必要がある。これが、自国企業の国際競争力を維持するうえで欠かせない作業であるという認識を、官民で共有することが重要だ。[6]

域外適用の猛威

米国による輸出管理政策の特徴として、輸出規制の「域外適用」を広範に課していることが挙げられる。域外適用とは、米国領土内で行われた活動のみでなく、一定の条件を満たした場合、米国外での活動（非米国国籍者によるものを含む）に対しても規制の適用を求めるものである。これは、通商関係にある諸外国の輸出管理が十分でないという米国の認識に基づいている。図４－３で米国輸出管理の全体像を示したが、管理規則の域外適用はその重要な部分を占めている。たとえば、輸出管理改革法の「再輸出」ルールは、規制対象の米国原産品、あるいはそれらを投入原価として25％以上含む製品を、第三国が規制対象国・企業へ輸出する場合、米国当局の許可が必要となるこ

図4-3　米国の輸出規制とその域外適用

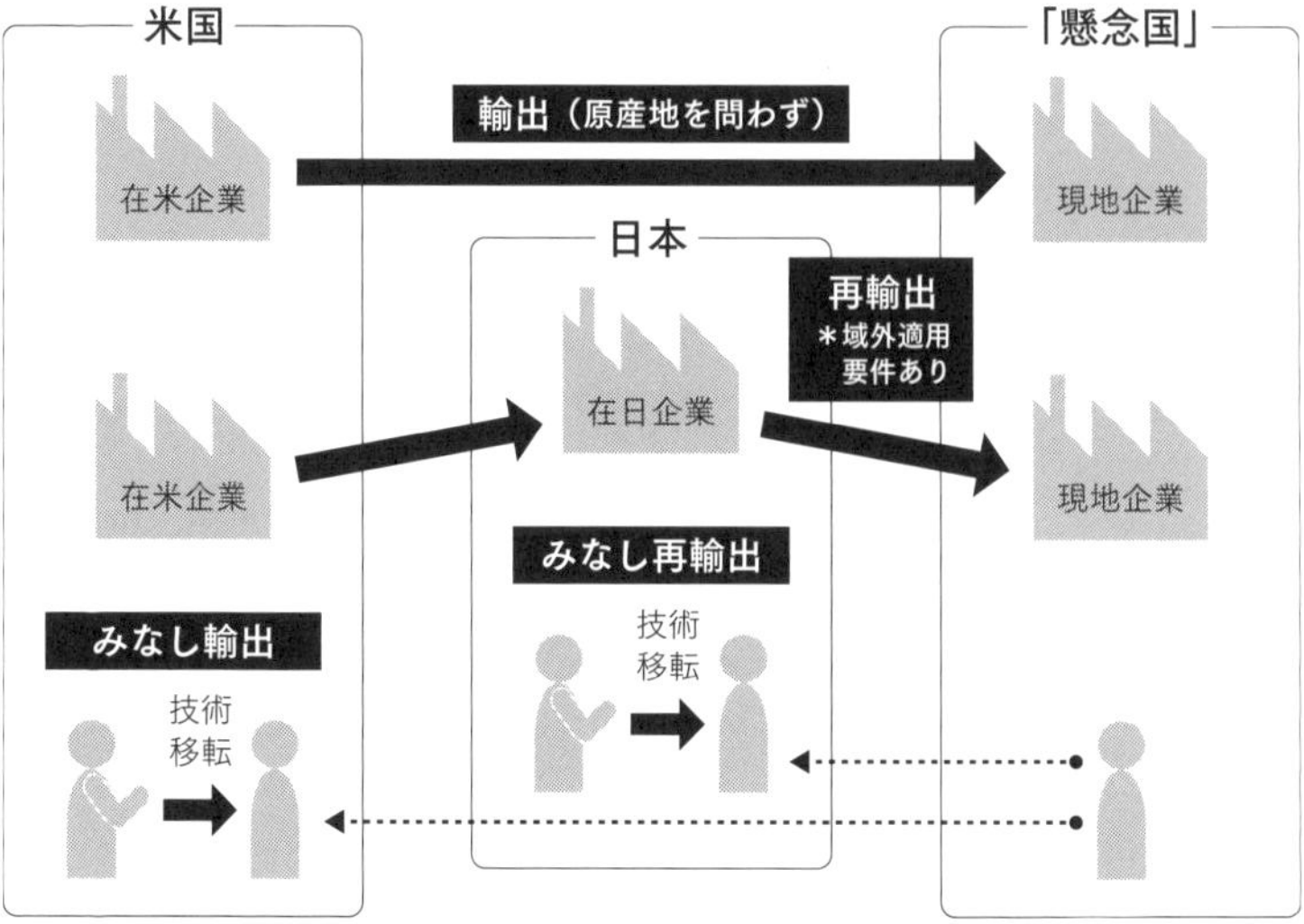

＊再輸出の域外適用要件：輸出品に以下が当てはまる場合、原則、米国当局の許可が必要となる。
- デミニミスルール：規制対象の米国原産品、あるいはそれらを投入原価として25％以上含む（テロ支援国への輸出については閾値が10％）。
- 直接製品ルール：米国政府が規制対象とした技術に基づき直接的に製造された製品、技術、ソフト。また、それらを主要な構成要素として含む製造設備・機器を用いて製造された製品。

出所：筆者作成。

とを定めている。たとえば、日本が米国製の高性能チップを組み込んだカメラ部品を、米国の許可なしに安全保障上の「懸念国」へ輸出することはできない、といった具合だ。

また、規制の手は越境を伴わない国内取引にも及ぶ。「みなし再輸出」のルールは、第三国内において行われる技術移転（ソースコードの開示など）を対象とする。たとえば、日本国内における「懸念国」国籍者への技術提供などがこれにあたる。これは、同一企業内で行われた場合も含まれる。[7]

さらに現在、国際ビジネスの現場を震撼させているのが「直接製品」ルールによる規制である。これは、米国政府が規制対象とした技術に基づき直接的に製造された製品、技術、ソフトに関するものであり、それらを規制対象国・企業へ輸出するにあたっては米国当局の許可を必要とさせる制度である。また、それら製品、技術、ソフトを主要な構成要素として含む製造設備・機器（たとえば半導体製造装置）を用いて製造された製品についても規制審査対象となる。２０２０年に中国通信機器大手ファーウェイ向けの輸出について拡大的に使われたのをはじめに（第１章図１－２『ファーウェイ封殺の仕組み』参照）、今日では、ロシア・ベラルーシへの輸出に対して広汎に適用されている。

一般的に経済関連法規は属地主義を原則とするため、この域外適用については国際法のなかで未整理の部分が多く、いわばそれは無法地帯の産物といえよう。法的安定性や予見可能性といった企業の国際展開を支える基本要件とも矛盾しており、国際ビジネス環境を著しく不安定化させている。かつてトランプ政権は、米国国防権限法などによって情報通信分野における「中国リスク」を封じ込めようとした。しかし今日、米国ルールの広範かつ執拗な域外適用により、海外展開する企業にとって、米国コンテンツそのものがサプライチェーンのリスク要因となったことを改めて理解する必要がある。[8]

また、こういった一方的な措置は、有志国間の関係にも悪影響を及ぼすことになる。たとえば、イランとの核合意離脱後、トランプ政権は域外適用を伴う対イラン経済制裁を再開した。これは、多国籍企業のイラン撤退を促したため、イラン政府を核合意に引き留めるための経済的誘因を著しく弱めてしまった。このことに反発したEUは、1996年に制定（2018年改正）された「外国法令域外適用ブロッキング規則」、通称「ブロッキング規則」による対抗措置を発動。これは、EU域内の企業が米国の経済制裁法規に準じることを禁止するものである。[9]

さらに2021年、今度は経済制裁の標的となっている中国が、EUのブロッキング規則を参考に「外国法・措置の不当な域外適用の阻止弁法」を施行し、中国国内で活動する組織や個人が外国の制裁措置に従うことを禁止した。もし、これら組織・個人が制裁に加わることで中国企業等に不利益が生じた場合は、相応する損害賠償の請求を当該企業に認めている。

これら一連の流れが多国籍企業の国際戦略に及ぼす影響は甚大である。たとえば、中国国内で操業する日本企業の立場に立って考えてみよう。その現地法人が長年にわたり取引関係を結んでいた中国企業が、突如、米国のエンティティ・リストに掲載されたとする。すると、もしその日本現地法人が供給する製品に規制対象の米国製品が25％以上含まれていた場合、米国は輸出管理規則（EAR）に基づき取引の許可申請（原則不許可）を要求することができる。むろんそれに背けば、その企業は米国の懲罰を覚悟せねばならない（たとえば米国企業との取引禁止や米国市場での活動制限が科せられる）。

いっぽう、もしその現地法人が米国当局の指示にしたがったことにより、取引相手の中国企業に

表4-4　米国大統領令「米国のサプライチェーンについて（2021年）」

報告期限	製品／産業	担当省庁	統括
100日間	半導体	商務省	大統領補佐官（国家安全保障担当）（経済政策担当）
	大容量電池	エネルギー省	
	レアアース等重要鉱物	国防総省	
	医薬品および原薬	保健福祉省	
1年間	国防	国防総省	
	公衆衛生・防疫	保健福祉省	
	情報通信	商務省・国土安全保障省	
	エネルギー	エネルギー省	
	運輸	運輸省	
	農産物・食品	農務省	

出所：筆者作成。

損失が生じたとする。すると今度は、その中国企業が「外国法・措置の不当な域外適用の阻止弁法」に基づき損害賠償を当該現地法人に対して請求することができる。

つまり、日本企業の現地法人は、米国と中国の間で「あちらを立てればこちらが立たず」といった板挟みにあうことになる。多国籍企業は米中対立のなかで、デカップリングの「踏み絵」を迫られる状況へと追い込まれているのである。

米国大統領令「米国のサプライチェーンについて」

2021年2月24日、米バイデン政権はサプライチェーンの見直しに関する大統領令を発布した（The White House［2021a］）。生産ネットワーク上に存在する様々なリスクを精査し、製造工程の組み替えや在庫の拡充、デジタル化の推進などによってサプライチェーンの強靭化を図る（表4－4）。

サプライチェーンの見直し作業は「製品」と「産業」の二つのレベルで段階的に行われた。まず、国家の生命線となる重点4品目について喫緊の課題を洗い出し、次に基幹産業6部門の全体像を捉えるという二段構えだ。緊急性を要する前者の報告には大統領令発布から100日間という短い期限が設けられ、より包括的かつ長期的な調査分析を想定した後者の報告には1年間の猶予が与えられた。

また、各製品／産業の調査分析にはそれぞれ担当省庁が明確に割り振られており、省庁間の調整・統括を経済政策担当と国家安全保障担当の大統領補佐官が共同で担う形とされた。むろんこれは、GVCが経済のみならず国家安全保障にも大きく関わっているという政権の認識を示すものである。

大統領令は特定の国を名指すことを避けたが、それが、政権によって「開かれた国際システムに挑戦する唯一の国（U.S. Department of State［2021］）」とされる中国を意識したものであることは明白だ。いっぽうの中国も、大統領令について、サプライチェーンの再編によりデカップリングを図るという人工的な取り組みは非現実的であると反駁した。

このように、ポスト・コロナの覇権争いを見据えた大統領令であるが、同年6月8日、100日間レビューの報告書が、サリバン大統領補佐官（国家安全保障担当）とディーズ大統領補佐官（経済政策担当）の連名で公表された（The White House［2021b］）。その際立った特徴は、サプライチェーン強靭化における連邦政府の役割が全面的に押し出されたことである。戦略産業の競争力向上やイノベーション促進へ向けた国内投資、重要物資の政府調達・備蓄の拡大、重要インフラ強化と安全性の確保など、のちのCHIPS・科学法（半導体産業支援）やインフレ抑制法（国産電気自動車・ソーラー製品等の振興）へとつながる包括的な産業政策の指針が提示された。

報告書の勧告は、とりわけ同盟国・有志国との連携強化を重視している。バイデン政権が想定するサプライチェーンの再編は、生産拠点の国内回帰という選択肢を含むものの、前政権のように単独主義を目指したものではない。むしろ、有志国間でサプライチェーンを調整・共同管理することにより、リスク分散と生産性向上を同時に果たそうというのだ。地政学的な高リスク国からサプライチェーンを引き剝がし、価値観や国家制度の近似性・親和性に基づいた、「似たもの同士、気の合う仲間」によるGVCの構築、いわゆる「フレンド・ショアリング」を提唱している。

大統領令は「米国のサプライチェーンについて（On America's Supply Chains）」という標題だが、そもそも国際生産分業がここまで進んだ今日、それが米国内だけで完結するはずがない。必然的に同盟国・有志国に対し、米国との同調を迫ることになる。米国は既にフレンド・ショアリングの具現化に向けて、硬軟合わせた様々な対外施策を展開しているが（次章参照）、なかでも米国輸出管理規則の域外適用は、各国の制度構築に大きな影響を及ぼした。ことに、先述した輸出規制の直接製品ルールは、現在、ロシア・ベラルーシ向け輸出に対して適用されているが、その対象となる品目数は甚大であり、とりわけロシアと貿易関係が深いEU諸国は身動きが取れない状況へと追い込まれた。

ここで米国は、同盟国・有志国に対して巧妙にもルール適用除外の条件を提示する。それは、対ロシア貿易に関し、米国と類似した貿易管理原則を持つ国についてはこの直接製品ルールを課さないというものである。いわば、域外適用に伴う取引コスト・事務コストの軽減[10]を交渉カードとし、米国の輸出管理規則へ擦り合わせるかたちで各国に制度変更を迫ったのだ。かつてはブロッキング規則により対米姿勢を示したEUも、ロシア・ウクライナ戦争という非常事態のなか、米国と歩調を合わせる方向へ舵を切る。この措置により、日本を含む計38カ国[11]・地域が米国と類似した輸出規制の導入を約束し、直接製品ルールの適用免除となった[12]。

有志国の間で制度の標準化が進むこと自体は、ビジネス環境の透明性を高めることにつながるのかもしれない。また、今回の動きの背景として、ロシアをメンバーに含むワッセナー・アレンジメントが機能不全に陥ることへの懸念もあった。しかしその一方で、「懸念国」との関係や貿易構造、そしてGVC統治のありかたが異なる国々に、米国型の輸出管理原則を一律押しつけることは、各国の企業に少なからぬ調整コストを課すことになるのではないか。

経済安全保障のトリレンマ

鈴木［2021］は、経済安全保障のトリレンマとも言うべき貿易管理政策の構造的問題を指摘する（図4－4）。たとえば、A国が対立関係にあるB国から安価で高性能な製品を輸入していたとする。

図4-4　経済安全保障のトリレンマ

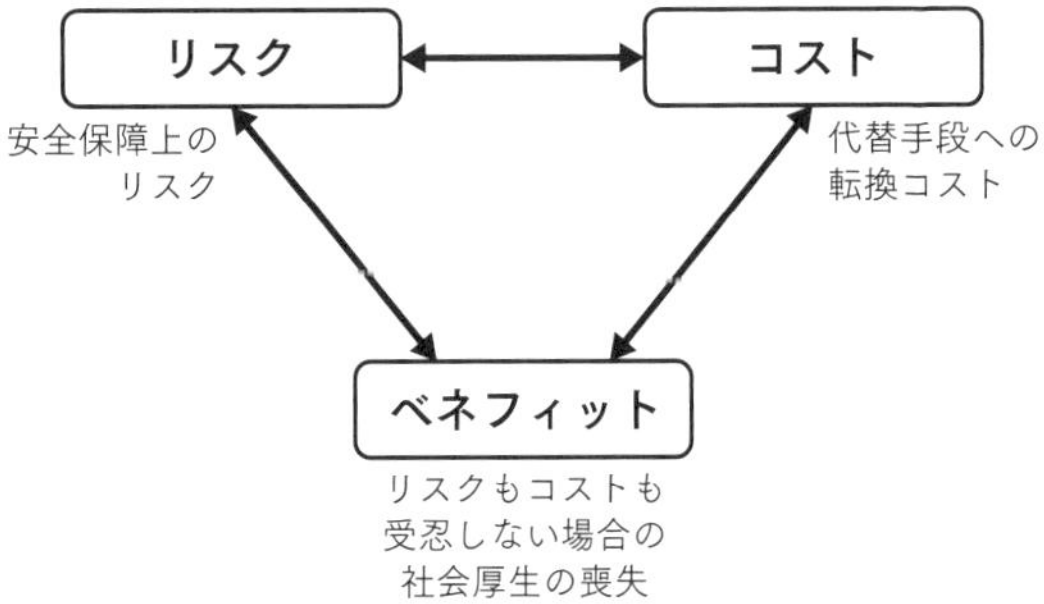

出所：鈴木［2021］をもとに筆者作成。

安全保障上の理由から、A国はB国とのデカップリングを進めたいが、B国製品に代わるもの（国産品や他国製品）はどうしても調達コストが高くなる。すると、A国としては、B国製品を使い続けることのリスクと、その代替品へシフトすることによるコスト増加を天秤にかけることになる。さらに、安全保障リスクを無視できず、また、製品の代替コストも耐え難い場合は、そもそも当該製品の使用を諦める必要があり、そのことに伴う社会厚生（ベネフィット）の喪失を受け入れることができるかどうか、という問題になる。すなわち、貿易管理はリスクとコストとベネフィットのバランスに対し、どこにウェイトをかけて判断するのかが問われることになる。

鈴木［2021］は、西側諸国の5Gネットワーク（高速通信網）から中国製通信機器を排除する事例を取り上げたが、この政策選択の問題は様々な状況で顕在化する。たとえば現在、EU諸国はロシア産の原油・天然ガスに対して禁輸の協調制裁を続けており、このため、各国は液化天然ガス（LNG）への代替を急いでいる。しかし、LNGの再ガス化施設はそのほとんどが南欧のスペインとポルトガルに位置しており、ドイツを含む中・東欧諸国は、これまでロシアからのパイプライン輸送に依存していたため関連インフラを持たない。したがって、これらの国々にとっては代替コストが非常に高く（ＬＮＧ陸揚げ基地の新設、浮体式ＬＮＧ貯蔵再ガス化設備の利用など）、また、第3の選択肢であるベネフィットの喪失（極端な省エネ強要に伴う経済活動・社会厚生の低下）も国民の強い反発が予想されるため、結果として安全保障リスクの比重が低下することになる。当初、ドイツや一部の東欧諸国がロシア産天然ガスの禁輸に対して難色を示したのには、ロシアへの高い輸入依存度に加え、このような物理的・構造的背景がある。

すなわち、トリレンマにおけるウェイト付けは、禁輸対象となる製品の特性や各国個別の事情によって様々であり、当然、貿易管理の最適ポートフォリオも国によって大きく異なるはずである。米国ルールへの一元化がそれらの差異を包容できないとなると、各国は相応の経済的コストを覚悟する必要があるだろう。

米中デカップリング、２０３０年

今後、米中デカップリングが進んだ場合、世界経済はどのような姿となっていくのであろうか。経済分断の影響については、現在、国際機関を中心に様々なシミュレーション結果が出されている(International Monetary Fund［2022］, Góes and Bekkers［2022］)。ここでは、本書の地政学的な関心と絡め、日本貿易振興機構アジア経済研究所が開発した経済地理シミュレーション・モデルの分析を紹介したい。同モデルは空間経済学に基づく計算可能な一般均衡（CGE）モデルの一つである。これまでも世界銀行やアジア開発銀行などによって、国際的なインフラ開発の経済効果分析等に利用されてきた。

図4－5では、熊谷、ほか［2023］の分析から、世界経済を「米国陣営」「中国陣営」「中立国」へと仕分け（同図 注1参照）、2025年以降、米中陣営間の貿易に100％の非関税障壁が追加的に課された場合を考えた（ただし、各陣営内、中立国どうし、各陣営と中立国の間の貿易は通常どおり行われるものとする）。いわば、世界経済の大動脈が切断された状況を想定しており、それが世界各国・地域のGDPへ与える影響をシミュレーションする。影響の大きさは、2030年時点における標準シナリオ（＝デカップリングが起こらないケース）の予測値からの乖離によって測られる。

図4－5はその結果を地図上で視覚化したものである。上の図が負の影響、下の図が正の影響を表している。それぞれ影響の度合いを地域ごとにグレースケールで示した。上の図（負の影響）から分かることは、両陣営いずれも経済への深刻なダメージを受けており、また、両者の間で損失の大きさに決定的な差はない。すなわちデカップリングによって、どちらかの陣営が相手に打ち勝つといったことにはならないのである。

いっぽう下の図（正の影響）は、デカップリングの結果、むしろプラスの経済効果を得る地域を

図4-5　米中デカップリングの影響（2030年予測）

（a）負の影響

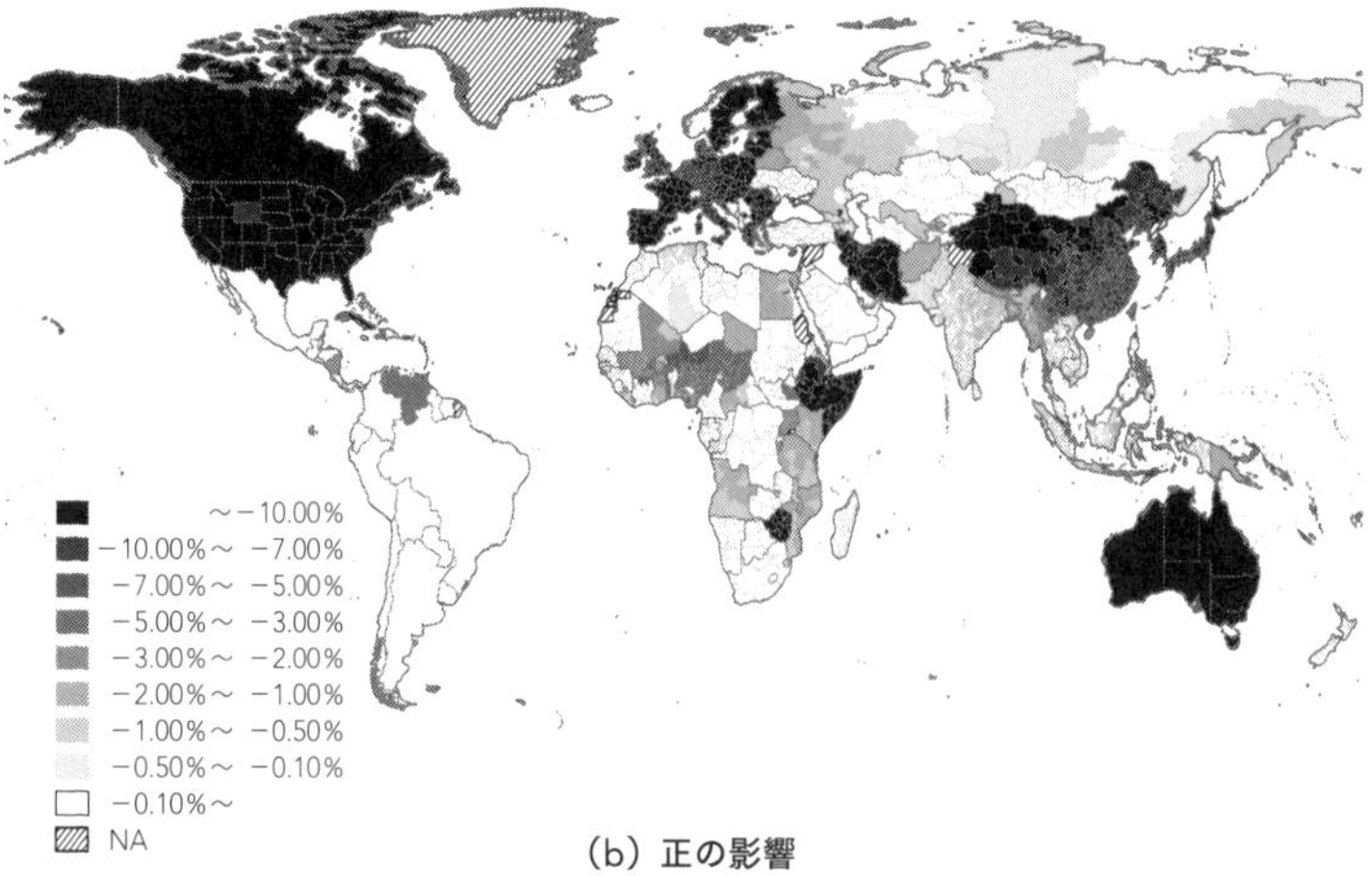

（b）正の影響

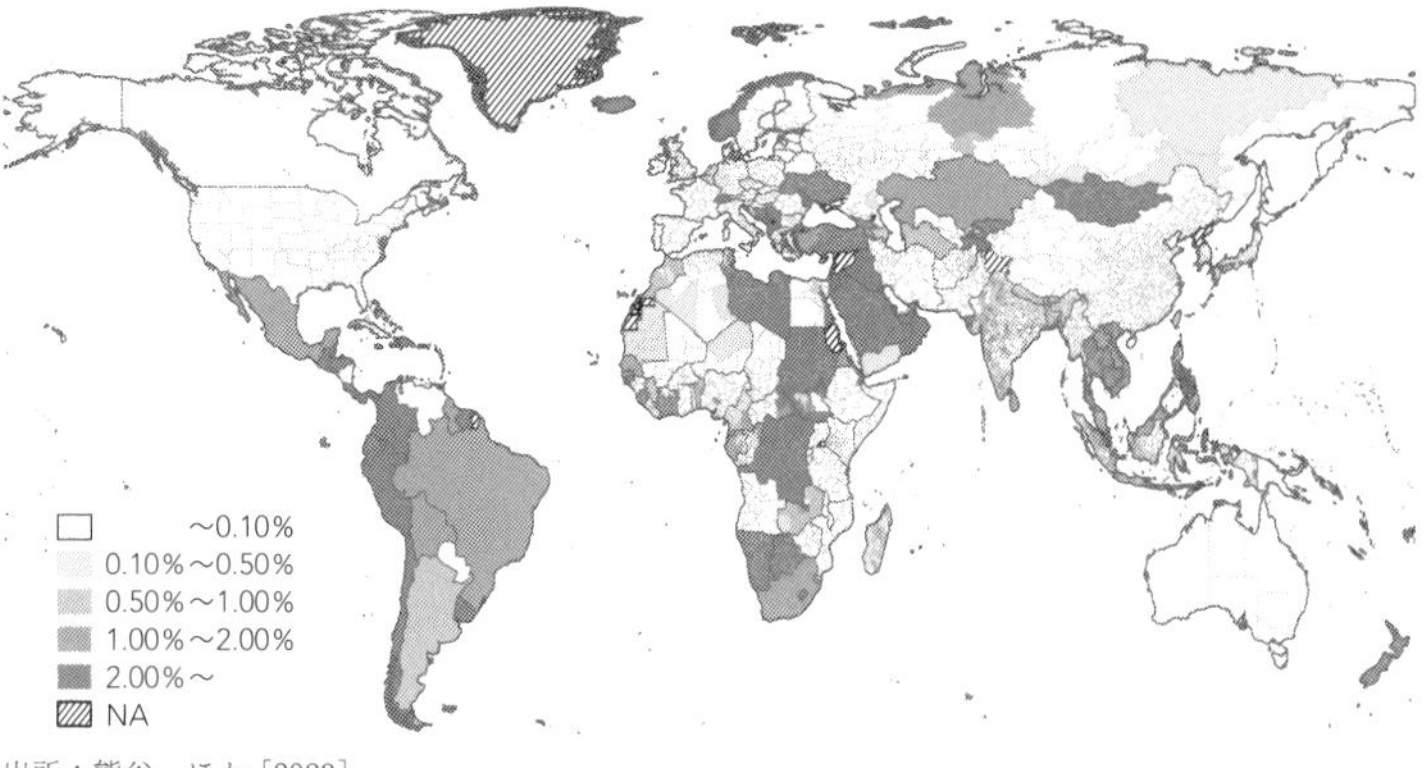

出所：熊谷、ほか［2023］

注1：米国陣営…米国と外交政策の類似度が高い34カ国・地域
　　米国、英国、EU27カ国、カナダ、日本、韓国、台湾、オーストラリア。
　中国陣営…2023年1月時点で米国から何らかの経済制裁を科されている16カ国
　　中国（香港、マカオを含む）、ロシア、ベラルーシ、キューバ、ベネズエラ、ニカラグア、イラン、イラク、イエメン、レバノン、ミャンマー、リビア、スーダン、コンゴ民主共和国、ジンバブエ、ソマリア。
　中立国…上記いずれにも属さない国・地域。

注2：ベンチマークとなる「標準シナリオ」において、2018～19年の米中貿易戦争による両国間の関税率の変化と、2022年のロシアによるウクライナ侵攻への制裁措置についてはモデルの中で考慮されている。

示している。もっぱらこれは、米中いずれの陣営にも属さない「中立国」グループにおいて顕著である。ビジネスリスクの地政学的要素が高まるに従い、企業は生産拠点や部品・原材料の調達先を、対立の現場から「疎開」させるようになる。それは、疎開先の中立的な国々にとっては漁夫の利であり、このことによって、米中いずれの陣営にも属さず中立であり続けることのメリットが高まる。すなわち、中立的な「グローバルサウス」がデカップリングの世界的拡大に歯止めをかけ、また、結果的に米中新冷戦の経済的な勝者となり得る可能性を分析は示唆している。

「ヤマアラシのジレンマ」としての米中対立

では、現在のGVCの展開をどう読むべきか。世界経済はこのまま分裂へと向かうのであろうか。心理学の分野に「ヤマアラシのジレンマ」という比喩がある。寒い冬、2匹のヤマアラシが暖を取ろうと互いに寄り添っていく。しかし、余り近づきすぎると自分のトゲが相手を刺してしまい、また、相手のトゲによって自分も傷ついてしまう。対人的な距離感について考える際の喩え話である。

この比喩を、今の米中関係に当てはめることはできるだろうか。GVCがもたらす経済的繁栄という果実を米中双方が求めながらも、国家存続の柱にあたる安全保障の分野で互いのトゲが相手の体を刺し始めた、ということだ。

長い時間軸で見た場合、米中デカップリングは2匹の巨大なヤマアラシが互いの最適な距離を探っている試行錯誤の段階とも考えられる。国際政治の力学とは別に、経済の領域に限れば米中は極めてアンビバレンツな関係にあり、全面的な分断は共に望んでいないはずだ。そこで、国家の中核部分、ことに軍事安全保障に関わる先端技術の分野に絞り込んだ部分的なデカップリングは、偶発的な衝突による対立激化を避けるための緊急避難措置として、極めて現実的な選択肢であると考えられる。

ただし、デカップリングの暴走は何としても避けなくてはならない。大統領令が指示するいくつかの産業には注意が必要だ。ことに、エネルギーは環境問題、食料と医療は貧困問題というグローバルな課題に直結しており、体制の違いを超えた国際協調が最も必要とされる分野である。また、米国のウイグル強制労働防止法のように人権侵害を理由とした輸入規制の場合、デカップリングが食品や衣類など日用品にまで及ぶ可能性がある。

デカップリングが暴走するきっかけは様々だ。相手国に対する国民の敵対感情が不買運動へとつながったり、保護主義的な施策を求める企業や圧力団体の活動が過激化することもあるだろう。さらに、次章で示すように、米中間のコミュニケーションや情報共有の機会が損なわれるようになれば、互いの不信感がつのり、国際情勢が益々不安定化することになりかねない。

では、何が必要か。

ここでは、米中デカップリングのプロセスを管理する国際的枠組みの構築を提唱したい。その暴走を防ぐために多国間でチェックをかけるのだ。コストを最小限に留めるデカップリングの形とはどのようなものか。互いに刺さったトゲを無理やり引き抜くことで、内臓や血管を傷つけることもある。複雑に絡み合う国際生産ネットワーク、その詳細な解剖図に基づいた科学的／専門的見地からのＧＶＣ分析が不可欠だ。それは、ソフトランディングの模索であり、また、段階的核軍縮にも似たこのアプローチには、米中を巻き込んだ高いレベルでの国際協調が求められる。

バイデン政権の対中基本路線は「競争的共存」であり、また、２０２２年2月に公表された『インド太平洋戦略（The White House［2022a］）』においても、中国との競争を「責任を持って管理する（"manage competition with the PRC responsibly"）」ことを明記している。もし字義通りに受け止めることができるのであれば、デカップリングの国際管理は、決して実現不可能な構想でもなかろう。

日本にとって、米中デカップリング問題への対応は経済的にも地政学的にも避けて通れない重要な課題である。アジア地域の経済連携を主導する立場として、この新たな国際協調の可能性を積極的に模索すべきである。

1…なお、フォン・デア・ライエン欧州委員会委員長は「de-risking」の言葉を、デカップリングに代わる新たな対中アプローチの在り方として提案し、話題を呼んだ。またこれは、2023年5月に開催されたG7広島首脳コミュニケの中でも言及されている。

2…むろん、GVCは国家の上位構造体ではない。国際関係は無政府状態下にあるということは本書でも繰り返し述べている。GVCとは、その作動を通じて国境を越えた経済取引を産み落とし、そしてそれら国際取引＝企業間信頼の一つひとつが、翻ってGVC自体の存続を可能にするという、（国家と同様に）上位構造の存在を前提としない自律システムなのである。

3…ケビン・ラッド元オーストラリア首相は、これらに加えて「通貨」をデカップリングの要素として数えている。中国がドル依存から脱却するためデジタル人民元への移行・普及を進めていることなどを挙げている（Rudd［2019］）。

4……流通大手DHLは、GVCの4要素、すなわちモノ（貿易）、カネ（資本移動）、ヒト（人口移動）、情報（知識移転）について、2000年以降の米中間フローを合成指標によって示した。図4－1と同様に、全体的には対米依存を減らす中国、対中依存を増やす米国といった流れが見られるなか、2018年以降の米国による政策の影響も表れている（DHL［2021］）。

5……ただし中国は、検疫等の非関税障壁や意図的な港湾作業の遅滞など、法的枠組みの外側でも貿易制限している可能性が指摘されており、この点は差し引く必要がある。

6……Hayakawa, et al.［2022］が、2018年と2021年に施行された日本外為法の輸出管理厳格化が日本の輸出額へ及ぼした影響を分析したところ、統計的に有意な結果は得られなかった。現状としては、デカップリングの制度化が進むなかでも、日本の貿易管理の現場では規制対象の慎重な絞り込みが行われている可能性がある。

7……なお中国の輸出管理法では、技術移転に加えて製品の授受についても「みなし再輸出」の規制が適用される。

8……諸外国の企業の間で、米国産の製品や技術を自社の製品に使用しない“Design-out”という流れが生じたという報告が出されている（小野［2021］）。なお、中国も関連法規の中で域外適用を定めているが、実際に適用した事例は今のところ確認されていない。

9……ただしこれは、EUの政策的自律性を対外的に訴えるという理念的側面が強い。実際のビジネス現場では、事実上、欧州企業も米国の再輸出規制に応じているという。

10……直接製品ルールへの対応は極めて複雑なプロセスであり、ことに、米国以外の第三国企業に対しては過度な負担を課すことになる。米国の貿易管理当局に対する非米国企業の「距離感」は、地理的にも、言語やビジネス慣行など文化的な側面においても、米企業とは比較にならないほど大きい。米国ルールの域外適用は決して公平な条件下で行われているわけではないのである（中野［2021］）。

11……2023年5月の時点で、以下の38カ国・地域。オーストラリア、オーストリア、ベルギー、ブルガリア、カナダ、クロアチア、キプロス、チェコ、デンマーク、エストニア、フィンランド、フランス、ドイツ、ギリシャ、ハンガリー、アイスランド、アイルランド、イタリア、日本、ラトビア、リヒテンシュタイン、リトアニア、ルクセンブルク、マルタ、オランダ、ニュージーランド、ノルウェー、ポーランド、ポルトガル、ルーマニア、スロバキア、スロベニア、韓国、スペイン、スウェーデン、スイス、台湾、英国。

12……なお、適用免除国の企業であっても、免除国以外の地域からの再輸出は免除対象にならない。

第5章

戦術から戦略へ

経済相互依存は戦争を抑止するか

「経済相互依存関係の深化は、戦争を抑止するか。」……国際関係論の分野で長く議論されている古典的な命題である。歴史的事象への照合やデータを駆使した実証研究など、これまで様々な分析が試みられてきたが、未だ答えは出ていないようだ。おそらく、問題の立て方に即して解答が変化し、なかなか包括的な議論ができるものではないのだろう。

本書ではこの問いを、むしろ政策論のレベルで捉えるべきものと考える。すなわち、GVCガバナンスの在り方によって、経済相互依存関係は、国際情勢の安定化要因にも不安定化要因にもなるということである。

経済相互依存の深化はGVCを「武器化」する。それを安全保障ツールとして賢く使えば、国際情勢の安定化へつなげることができる。たとえば、イラン核合意の事例などが考えられよう。いっぽう、中国の対日レアアース禁輸やトランプ米政権による追加関税措置は、当時の国際関係を著しく悪化させた。つまり、凡庸な表現になるが、その効果は「使い方次第」ということだ。「原子力は人類に平和をもたらすか」という問いに対し、やはり我々は「使い方次第」と答えるであろう。それと同じである。

第1章ではGVCの戦術的側面、ことに経済制裁による相手国への攻撃や抑止の効果とその限界について見た。しかし、経済安全保障は単なる戦術の束ではなく、より長期的な視野に立った戦略も必要とする。本章で述べるのはＧＶＣのもう一つの顔、その戦略的利用の可能性についてである。そのための準備作業として、多少まわり道になるが、まずは冷戦後の米中関係を振り返ってみたい。

米国の対中関与政策

既に触れたように、ポスト冷戦期における米国の対中戦略は、中国を既存秩序へ取り込むことを目的とした「関与政策」によって特徴づけられる。

米国の対中関与には、実に40年間以上の積み重ねがある。それは、１９７２年のニクソン大統領訪中を起点とするが、当時の関与政策は、むしろ対ソ封じ込め戦略の一環という側面が大きかった（高木［2021］）。

中国の台頭を意識した指向的な関与は、冷戦終結後の激動期、Ｇ・Ｈ・Ｗ・ブッシュ政権（１９８９～１９９３年）から始まる。１９８９年6月の天安門事件をめぐっては厳しい経済制裁を科したいっぽうで、国際社会からの孤立を深める中国に対し、自由主義的価値観の輸出を通した「建設的関与」を進めることの重要性を説いた。以降、この原則はポスト冷戦期における米国の対中戦略を貫いている。

では、米国の対中関与を通し、米中関係に関する両国政府の情勢認識はどのように推移していったのであろうか。表５－１と以下に続く記述は、高木［2021］と増田［2022］をもとに、江沢民―クリントン政権から、対中関与を公式に否定したトランプ政権までの間の、主要な事項、政府文書、

表5-1　米国の対中関与政策と中国の対応

5ヵ年計画と政策キーワード	**江沢民　1993–2003** 「国際政治経済新秩序」①	1993	**クリントン（民主党）1993–2001** （1993年11月）APEC第1回非公式首脳会議に江沢民を招待。 （1994年7月）『関与と拡大の国家安全保障戦略』⑤
（第9次）国有企業改革	「新安全保障観」② （1996年4月）上海協定 締結		（1997年5月）『新世紀の国家安全保障戦略』
	アジア通貨危機（1997年7月）		
	（1997年10月）江沢民　訪米	2000	（1998年6月）クリントン　訪中 （1999年12月）『新世紀の国家安全保障戦略』 （2000年9月）中国との「恒久正常通商関係（PNTR）法」成立。⑥ （2000年12月）『世界時代の国家安全保障戦略』
（第10次）科学的発展観／西部大開発	（2001年6月）上海協力機構設立		**ブッシュ G.W.（共和党）2001–2009**
	同時多発テロ（2001年9月）		
	（2001年12月）中国　WTO加盟 （2002年10月）江沢民　訪米		（2002年2月）ブッシュ　訪中 （2002年6月）米中戦略対話。 （2002年9月）『米国国家安全保障戦略』⑦
	胡錦濤　2003–2013 王毅外交部副部長（2003年談話）：<体制内改革>志向 ③ （2005年12月）国務院白書『中国の平和的発展の道』…「平和的発展論」④	2005	（2005年8月）ゼーリック国務副長官・戴秉国外交部副部長上級対話…「責任あるステークホルダー論」⑧ （2005年11月）ブッシュ　訪中

（第11次）調和社会／国民皆保険	(2006年4月）胡錦濤　訪米 温家宝総理（2007年談話）⑨ (2008年8月）北京五輪・パラリンピック		(2006年3月）『米国国家安全保障戦略』
	世界金融危機（2008年9月）		
			オバマ（民主党）2009–2017
	(2009年4月・9月）第2・3回G20首脳会合 ⑪		
	(2009年7月）第11回駐外使節会議　胡錦涛談話：「世界の多極化の見通しはいっそう明瞭になった。」 (2009年7月）人民元建て貿易決済開始 (2009年10月）第17期中央委第4回全体会議 ⑩		(2009年7月）米中「戦略・経済対話」：「気候変動・エネルギー・環境分野協力覚書」が成立。 (2009年9月）中国に対する「戦略的再保証」の提案。⑫ (2009年11月）オバマ　訪中
		2010	(2010年7月）ASEAN地域フォーラム　クリントン国務長官：南シナ海における航行の自由。 2010年『4年毎の防衛力見直し』(QDR)：中国の「接近阻止」能力の問題性。
（第12次）新常態／反腐敗闘争	(2011年1月）胡錦濤　訪米 (2011年9月）国務院白書『中国の平和的発展』⑮		(2011年10月～12年1月）「リバランス政策」⑭
	(2011年11月）APEC 首脳会議 ホノルル：米中首脳会談において、米国は中国の知的財産権、国有企業、補助金問題を指摘。		
	(2012年5月）第4回米中「戦略・経済対話」および（2012年11月）党第18回全国代表大会…「新型大国関係」⑬ **習近平　2013–現在** 「一帯一路」構想（2013年公式表明）、AIIBを提唱。シルクロード基金の設立。 (2013年6月）習近平　訪米 (2013年11月）第18期中央委第3回全体会議：国家安全委員会の設立。⑲ (同）東シナ海防空識別区設置を宣言。		

（第12次）新常態／反腐敗闘争	（2014年4月）国家安全委員会第1回会議…「総体的国家安全保障観」：11領域を指定。⑳ （2014年10月）第18期中央委第4回全体会議：「依法治国」の強化。㉑		2014年『4年毎の防衛力見直し（QDR）』：中国の「接近阻止、領域拒否（A2/AD）」とサイバー・宇宙空間政策への警戒。
	（2014年11月）APEC首脳会議 北京：米中首脳会談で気候変動問題合意が成立し、中国がCO_2排出削減に同意した。（米中首脳会談は翌年9月にも実施。ただし目立った成果はなし。）		
	（2015年7月）「中国製造2025」公表 （2015年10月）第18期中央委第5回全体会議…「制度化されたディスコース・パワー」⑱	2015	（2015年10月～）南シナ海での「航海の自由」作戦。
（第13次）中国製造2025／貧困撲滅	（2016年9月）G20首脳会合 杭州：中国、G20を長期的なガバナンス機構とすることを提唱。		
	（2017年4月）習近平　訪米 （2017年10月）党第19回全国代表大会：党の重要性、社会主義体制の優位性。 （2018 年3月）全国人民代表大会：憲法改正。国家主席の任期制撤廃。㉒ （2020年5月）香港国家安全維持法制定。	2020	**トランプ（共和党）2017–2021** （2017年12月）『米国国家安全保障戦略』：対中関与政策を明確に否定。⑯ （2018年2月～）追加関税攻勢。（2018年8月）19年国防権限法成立。⑰ （2019年8月）中国を為替操作国に認定。 （2020年1月）米中「第1段階合意」。 （2020年7月）香港自治法成立。

出所：高木［2021］と増田［2022］をもとに筆者作成。

要人発言などをまとめ、時系列で対照させたものである（表中の丸数字の番号は本文での参照箇所を指示）。むろん、ここで示した情報群だけで各国政府の腹のうちまできれいに描き出せる訳ではない。あくまでも、両国の情勢認識に関する変容とそのタイミングについて、概要を俯瞰することが目的である。

まず、対中関与が本格化した当初の、中国側の対応に注目したい。鄧小平政権期から引き継がれた「国際政治経済新秩序」の構想は、アジア近隣諸国等との協力・協調発展を謳っている。これは、国際秩序の多極化を通して米国の影響力を相対化することを目指したものである（①）。むろんその根底には、米国による一極支配の世界でいかにして自国の生存圏を確保するかという中国の強い危機感があった。この情勢認識は江沢民政権の「新安全保障観」として表れ、「上海ファイブ（上海協力機構の前身）」による上海協定の締結へとつながるが（②）[1]、その後も彼我の圧倒的な力の差を認め、中国はあくまでも、既存の国際秩序が定める枠組みのなかで改革発展を目指しているにすぎないという慎重な態度が貫かれている（王毅外交部副部長 談話 ③）。また、2005年の国務院白書『中国の平和的発展の道』は、グローバル化という世界の趨勢に寄り添うことの重要性を強調した（④）。

こういった中国の慎重な姿勢とはうらはらに、米国は関与の度合いを強めていく。クリントン政権では、1994年に『関与と拡大の国家安全保障戦略』が提示され（⑤）、以降の戦略文書でも対中関与の重要性が繰り返し言及されている。2000年には、国内ハイテク企業等の支持を取り付け、中国との恒久正常通商関係（PNTR）法が成立（⑥）。翌年の中国WTO加盟へとつなげる。

中国関与がより具体的な形をまとったのは、G・W・ブッシュ政権でのことである。政権発足当初は、中国を「戦略的競争相手」と名指すなど厳しい姿勢を見せたが、2001年の9・11同時多発テロ以降、反テロリズムの名のもとに中国と広範な協力関係を築く方向へ舵を切った。大統領訪中後、2002年に「戦略対話」を実施。同年の戦略文書では、テロ対策のみならず、北朝鮮の核開発や環境問題等において具体的な連携が模索されている（⑦）。

2005年の米中上級対話後にゼーリック国務副長官が提唱した「責任あるステークホルダー」論は、対中関与の原則を具体的なメッセージへと落とし込んだものである（⑧）。中国に大国としての自覚を促し、またそれを国際的にも認めることによって、同国による「法の支配」の遵守と平和構築への責任を求めた。しかしそれでも、温家宝総理は、中国が国際的な旗振り役となることを否定している（⑨）。

中国を変えた世界金融危機

このように、冷戦終結後の米中関係は、先述したアリソン［2017］が想定したような「中国の驕り／米国の恐怖」という図式からいきなり始まった訳ではない。冷戦後、唯一の社会主義大国として残った中国は、資本主義諸国のイデオロギー攻勢が国内の矛盾と共振し、体制が転覆することを最も恐れていた。ゆえに、むしろ驕っていたのは冷戦勝利に湧く米国の方であり、いっぽうの中国は米国の圧倒的なパワーに怯える、あるいは少なくとも慎重な対応を余儀なくされる状況に置かれていた。

しかし、2008年の世界金融危機は、このような両国の情勢認識を一変させる。金融システムの崩壊と財市場の急激な縮小により先進国経済が大混乱に陥るなか、国際金融ネットワークから比較的独立していた中国は、内需の活性化により危機からいち早く抜け出すことに成功した。中国がGVCによる「圧縮された経済発展」で国力を急速に高めたいっぽうで（第3章参照）、世界経済に対する米国の影響力が相対的に低下し、国家間のパワーバランスが大きく揺れ動いた。

この歴史的転換点において、従来、対外関係については慎重な立場を維持してきた中国政府の姿勢に変化が起こる。胡錦涛政権は金融危機によってもたらされた新たな情勢を国際的なパワーシフトへの好機として捉え、その実現と、想定される外国勢力の介入に対抗するため、中国共産党中央委員会の全体会議で党統治の強化を強調した⑩。また政権は発展途上国の集団台頭を見越し、その代表性や発言権を高めるため、G20や国際機関を国際ガバナンスの主要なプラットフォームと定めて国際通貨基金（IMF）や世界銀行の制度改革を主張していく⑪。同時期、北京オリンピックと上海万博で成功をおさめ、そして2010年にはGDP（国内総生産）で日本を追い抜き世界第2位となったことも、中国指導部を勢いづけたことは言うまでもない。

いっぽう、世界金融危機直後に発足したオバマ政権は、当初こそ「戦略・経済対話」や「戦略的再保証」の提案などを通して対中関与政策を継続させていたが（⑫）、中国の急速な台頭とその対外姿勢の変化に直面し、徐々に態度を硬化させていく。また、言論空間では中国脅威論が持ち上がり、国内世論を動かし始めた。空洞化する製造業、悪化する所得格差という米国経済の現実の上に、巨額の対中貿易赤字や日常生活に氾濫する「メイド・イン・チャイナ」といったイメージの数々をコラージュすることによって、仮想敵国・中国が作り上げられたのだ。アリソンが想定した「中国の驕り／米国の恐怖」という米中関係はこの頃に顕在化したと考えられ、実際、胡錦涛政権末期に中国が提唱した「新型大国関係」はトゥキディデスの罠を回避するためのものとされている（⑬）。

変貌を続ける米中の情勢認識

では、トゥキディデスの罠は現在でも米中両国政府の情勢認識を規定しているのであろうか。今日の米中貿易戦争や技術覇権争いは、もっぱらトランプ政権期から表立った注目を集め始めたが、むしろ米中対立の流れをオバマ政権期まで遡って考察する見方が一般的である。ことに、2010年以降に展開されたアジア太平洋地域に対する米国の軍事的・外交的プレゼンスの拡大強化は、中国政府の対米認識に決定的な影響を及ぼしたという。その結果、米中の情勢認識は、トゥキディデスの罠から既に新たな様態へと遷移した、というのが本書の仮説である。

世界金融危機が中国指導部の視座を変えたことは前に述べたが、それがすぐに対米攻略へと具体化されることはなかった。むしろ中国政権の認識は、米国と直接対決する力もメリットもまだ無いが、周辺アジア地域における米国のプレゼンスや統治能力は、今後、急速に低下していくだろう、というものである。これが、南シナ海や尖閣問題に代表される、主に洋上での「力による現状変更」へとつながっていく。90年代の「国際政治経済新秩序」における融和的な周辺外交とは異なり、強硬かつ独善的な手段が頻繁に取られるようになった背景には、中国がもはや軍事的にも経済的にも超大国へ昇格したという指導部の自信／驕りがある。

この動きに対し、オバマ政権は米国の対外政策を大転換させる。これまで中東地域へ集中させていた軍事的・経済的資源を、アジア太平洋地域へシフトさせるという「リバランス」政策である⑭。これは、アジアにおける中国の現状変更行為に対し、米国は断固として対抗していくという意思表示である。少なくとも米国との直接対決は避けたい中国にとって、相応のインパクトがあったと考えられよう。実際、同政策が公表された直後、中国国務院は白書『中国の平和的発展』の中で、ふたたび2005年白書のような協調的関係の構築を謳っている⑮。

しかしオバマ政権は対中政策を緩めることはなかった。さらに、それに続くトランプ政権は、発足当初こそ習主席の訪米を歓迎し、米中間の高級対話と軍事対話の実施に関して合意を果たしたが、2017年の『米国国家安全保障戦略』では中国を現状変更国家と断じ、関与政策を明確に否定⑯。以降は周知のとおり、通商法301条や通商拡大法232条を盾とした追加関税攻勢を展開し、2019年国防権限法によって強硬な対中姿勢を露わにした⑰。

ただし森［2020］は、この時期の対中政策に関し、トランプ政権内で大統領自身と安全保障管轄官庁、あるいは連邦議会との間で必ずしも認識が共有されていなかったことを指摘する。トランプ大統領にとって一連の経済制裁は、地政学的な技術管理の問題というより、対中貿易および国内雇用創出（＝選挙票）において自国に有利な条件を引き出すための「ディール」である。また、中国をその「ディール」へ引き込むため、対中関係をかき回す要因はむしろ忌避する傾向にあった。ことに連邦議会が重視する香港やウイグルなど人権問題への関心は浅く、しばしば議会との対立を引き起こしたという。

対してバイデン現大統領は、前政権が残した対中攻略ツールをほぼそのまま継承しつつも、管轄官庁や連邦議会とのアジェンダを調整し、貿易・投資に限らず、技術覇権から環境・人権問題、そして民主主義という価値の領域にまで対中戦略の射程を拡大した。これは、中国側から見れば、貿易不均衡問題など比較的対処可能な事案から、「核心的利益」に関わる部分にまで大きく足を踏み込まれた形になる。そして現在、米国はこの広範なアジェンダに関する国際協力を推し進め、同盟国・有志国を巻き込みながら着々と対中包囲網を構築しつつある（次章参照）。

いっぽうの中国も、習政権以降、「一帯一路」構想の推進、アジアインフラ投資銀行（ＡＩＩＢ）の設立と、積極的な対外戦略を展開してきた。また、ルール形成を通じて「ディスコース・パワー（国際社会における発言権および言説による影響力）」を高めていくことの重要性を説いている（⑱）。対内的には２０１３年に安全保障戦略の調整機関である国家安全委員会を設立（⑲）。その第１回会議において、政治・経済から資源や生態系まで全11領域にわたる極めて包括的な「総体的国家安

図5-1　米中各国の情勢認識

	中国	米国	認識様態
冷戦終結			
↓	恐怖（不信）	驕り（自信）	均衡的相互認識
世界金融危機			
↓	驕り（自信）	恐怖（不信）	「トゥキディデスの罠」
リバランス政策			
↓	恐怖（不信）	恐怖（不信）	「安全保障のジレンマ」？
現在			

出所：筆者作成。

全保障観」が提示された（⑳）。同時に、「依法治国」に基づく党内規律・監督の強化が進み（㉑）、2018年の憲法改正によって国家主席の任期制を撤廃。習政権長期化への途が開かれた（㉒）。

2つの転換点、3つの認識様態

以上、非常に駆け足であったが、米中両国の情勢認識について冷戦後の推移を概観すると、図5－1のようにまとめることができる。単純化のため、ここでは敢えてアリソン［2017］にならい、認識様態を「驕り（自信）」と「恐怖（不信）」の2項の組み合わせで定式化した。

両国の情勢認識は、時系列的に2つの転換点により3つの様態へと仕分けられる。冷戦終結から世界金融危機までの間は、米国の対中関与がその強度を増しながら継続された時期である。この期間は、冷戦の勝利によってパワーを独占した米国と、自国の生存圏を脅かされる中国という組み合わせで推移する。「強者」米国の驕りと「弱者」中国の恐怖という、両国の実態と情勢認識が符合した安定的な構造を有している。[2]

世界金融危機からリバランス政策までの短い期間、世界情勢は急速に不安定化する。金融危機によって従来のパワーバランスが崩れ、トゥキディデスの罠が発現した。この時期における中国の驕りと米国の恐怖という認識様態の根底には、中国の実力（あるいは将来的な国力）に対する米中双方の過大評価がある。この誤認が累積するプロセスこそが、トゥキディデスの罠である。

むろん世界金融危機は、トゥキディデスの罠の単なる引き金にすぎない。第3章で述べた通り、今世紀、中国経済はGVCによる「圧縮された発展」によって「罠」のメカニズムへと急速に構造化されていった。危機の到来で両国の相互認識が急変し、「罠」が顕在化したということだ。

では最後に、リバランス以降の両国の情勢認識をどう捉えるか。角崎［2017］は、米国のリバランス政策が中国指導部の情勢認識に与えた影響について、以下の3点を挙げている。

まず先述したように、中国は2011年の国務院白書で協調的関係の構築を訴え、また、その後に新型大国関係という（中国視点による）米中共存のフレームワークを提示した。それにも拘わらず、米国政権の態度が軟化することはなかった。このことにより中国指導部の間で、米国の対中戦略は、そもそも中国の発展・台頭を妨害することに向けられているという見方が趨勢となった。

次に、周辺諸国との関係である。リバランス政策により再び米国の強力な（軍事的）庇護下に入ったアジア諸国は、中国の現状変更行為に対して明示的に対抗措置を取るようになった。これにより、周辺諸国に妥協的な態度を取ることは、同地域における米国の介入を容易なものとしてしまう、という認識が中国の政権中枢に広がった。

さらに、リバランス政策によって米国の関心が再び中国へ向けられたことにより、中国共産党政権に通底する恐怖、すなわち外部勢力のイデオロギー攻勢による政権転覆への危機感が急速に高まったことがある。外部工作に付け入る隙を与えないためには、党統治の厳格化と社会システムの徹底管理が必要である。前者は習近平政権における「反腐敗闘争」や「依法治国」による集権化、後者はマスメディアや知識人に対する活動制限・監視強化へとつながった。

これに加え、今日、政権はより長期的問題に直面しており、その対応に追われている。たとえば、鉄鋼・石炭産業を中心とした過剰生産能力の解消は、貿易摩擦や環境対策への国際的な圧力が高まるなか喫緊の課題である[3]。また、急激な少子高齢化とともに経済成長は減速を続け、2030年には世界の平均成長率を下回るとの予測も出されている。そして、ゼロコロナ政策が引き起こした国内の社会的混乱と並行し、現在、ロシアのウクライナ侵攻によって、西側諸国の中国に対する視線は厳しさを増している。中国政権を取り巻く環境はとても楽観視できる状況にはない[4]。

すなわち、リバランス政策を契機に今日にいたるまで、中国政権の情勢認識が「驕り」から再び「恐怖」へ転じたと見ることができる。むろん、これはあくまでも現時点での仮説にすぎず、今後、検証を待たねばならない。しかし、この米中間における鏡像的な「恐怖の対峙」という新たな認識様態が、国際関係にどのような構造的リスクをもたらすかについて、予め考えておく必要はあるだろう。

トゥキディデスの罠から「安全保障のジレンマ」へ

国際関係論の中で「安全保障のジレンマ」という概念がある。自国の安全を高めるために取った行動が、逆にその国の安全を脅かすような環境を作り出してしまう状況を指す。防衛目的で軍備増強や同盟締結を行うこと自体が、相手国には脅威として受け止められ、その国において同様の防御行動（軍備増強や同盟締結）を誘発する。その結果、双方で衝突につながるリスクがスパイラル状に高まり、いずれの国も自国の安全がさらに脅かされる結果を招いてしまう、といった具合だ（図5－2）。

図5-2　安全保障のリスク・スパイラル

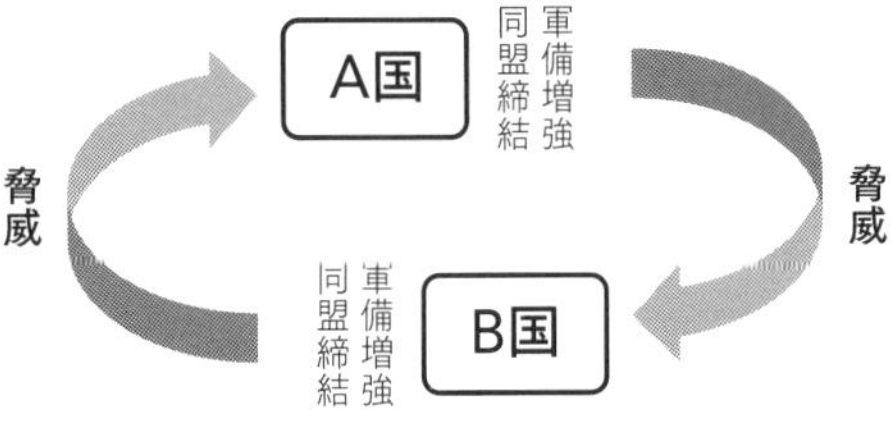

出所：筆者作成。

安全保障のジレンマはハーツ（Herz［1950］）によって提唱され、その後、ジャーヴィス（Jervis［1978］）により概念整理と定式化が進められた。以降、国際関係論の分野では分析モデルの一つを構成し、第一次世界大戦や冷戦、あるいは旧ソ連、旧ユーゴスラヴィア、アフリカ諸国における民族紛争の要因研究などに充てられてきた（Tang［2009］）。また、現下のロシア・ウクライナ戦争についてもこれを言及する論考が出されている（Walt［2022］）。

このように、ハーツが提唱して以来、安全保障のジレンマは様々な文脈で参照されているが、それらを貫く概念的な共通属性としては主に以下の3つが挙げられる。これらはジレンマが発現する必要条件とも考えることができる。

(1) 国際社会は無政府状態にある（国家を超越する上位権力・統治が存在しない）。

(2) (1)の結果、他国の意図に関して不確実性が生じる。

(3) (2)の結果、自国に先制攻撃の意思はなくとも、[5]他国からの攻撃可能性に対する危機感／恐怖が増幅する。

本章前半において米中両国の情勢認識を概観し、現在は「恐怖の対峙」様態にあるという結論を導き出したのも、米中関係が安全保障のジレンマの枠組みから分析可能であることを確認するためである。

軍事論・外交論的な文脈では既に多くの関連研究が蓄積されているが、安全保障のジレンマを経済安全保障の問題に向けて用いたものはいまだ限られている。[6]しかし、テクノロジーの発展に伴い製品や技術の軍事用・民生用区分が著しく困難になった今日、経済制裁やサプライチェーンのデカップリングが軍事・外交バランスにまで影響を及ぼすことは避けられない。

前章で述べた通り、現在、我々が置かれている状況を見渡すと、米中相互間の対外経済政策については、まさにこのジレンマの真っただ中にあるように思える。そして最も懸念すべき点は、日本を含む関係各国の政府に、この構造的ジレンマから抜け出す見通しがあるかどうかが甚だ不透明なことだ。経済制裁やデカップリング政策の応酬の先にどのような着地点を想定しているのか。出口戦略を、そしてその後の修復プロセスをいかにデザインし、実行するのか。このままでは負の連鎖が止まることはなく、遠くない将来に世界経済は壊滅的な状況に陥ることになる。

GVCの二面性

安全保障のジレンマはゲーム理論の「囚人のジレンマ」と同型である（章末コラム「囚人のジレンマ」参照）。すなわち、各人が互いに協力することでより良い状況を生み出せることを予め知っていながら、相手への不信や誤解から生じる危機感／焦燥感／恐怖感により、結局、協力関係が成り立たないメカニズムを描いている。ただし、関係決裂という最悪の事態を常に招いてしまうのは、当事者に損得計算の能力が無いからではない。むしろそれは、与えられた環境下で個々人が辿る合理的選択の結果なのだ。これが「ジレンマ」と呼ばれるゆえんである。

そして、ジレンマを引き起こす根本的な要因はその環境に潜んでいる。それは、監獄の囚人達のように、当事者どうしのコミュニケーションが完全に遮断されているということだ。インテリジェンスが暗躍した米ソ冷戦期を取り上げるまでもなく、情報の非対称性を前提とする軍事の世界では蓋然的に安全保障のジレンマが発現する。

経済安全保障の議論では、しばしば軍事による安全保障のロジックを直接的に経済の分野へ重ね合わせる言説が散見されるが、これは必ずしも適当ではない。確かにGVCは経済制裁によって武器化する可能性を秘めている。また、テクノロジーの発展に伴いその破壊力も増大した。しかし、GVCが戦車や戦闘機と決定的に異なるのは、それを構成するサプライチェーンが、国境を越えたコミュニケーションを媒介するための連結機能を併せ持っていることだ。

ＧＶＣとは何か。筆者はそれを「サプライチェーンの支配領域をめぐるグローバル・レベルの争奪戦」であるとした（猪俣［2019］）。その根本動因は、利益追求に対する企業の飽くなき欲望であり、ＧＶＣはその欲望が交差する場で絶え間なく編み込まれていく。サプライチェーン自体は単なる取引関係の連鎖にすぎないが、それを構成する個々の取引には当事者（サプライヤー、クライアント）に関する様々な情報が集約されている。製品・サービスの質と内容、競合関係や仕入先、顧客の範囲、経営陣の顔ぶれ、保有する技術・知的財産権など、互いに入手可能なあらゆるデータを多角的・総合的に分析する過程で当事者間に信用が生まれ、それが事業契約という法的拘束力を持った形で結実する。まさに、リスクを管理して利益を最大化するという企業の行動原理そのものが、妥協のない形で現場の信頼醸成を促すのだ。

また、「サプライチェーン上の支配領域をめぐる争奪戦」と書いたが、それは相手を出し抜くだけのゼロサム・ゲームを指している訳ではない。たとえばかつて、米国チップ・ベンダーのクアルコムは中国の携帯電話（４Ｇ）部品市場で急成長を遂げたが、これは同社の現地企業に対する巧妙な提携戦略によるものである。クアルコムは、ミドルクラス／ハイエンド市場の製品にターゲットを絞り込み、ある程度の技術基盤を持つ少数の中国新興企業を対象に、チップのコードを開示する方策に打って出た。すなわち、自社の技術を顧客企業（＝中国携帯電話メーカー）と共有し、顧客自身による高レベルでの製品差別化を可能にする、あるいは協同で製品を開発してゆくというものである。当時、中国市場でのライバル企業である台湾系メディアテックが2割ほどしかコードを開示していなかったのに対し、クアルコムのチップは8割強が参照可能となっていた（Ding and Hioki［2018］）。

むろん、クアルコムは慈善精神から技術供与を進めたわけではない。その背景には、中国における消費嗜好の多様化、4G技術の普及、商品サイクルの加速など、様々な市場環境・技術環境の変化があり、顧客である現地メーカーとの協力が不可欠になったことがある。同社は技術支援のみならず、共同で製品開発やプロモーションを行うなど、現地企業との綿密な情報交換に注力した。それは、サプライチェーン全体の高付加価値化が自社の利益増大につながるという総合的な判断に基づくものである。

ここで、外国との政治的なコミュニケーションについて、政治家や外交官の立場に立って考えてみよう。すると、自分の真意を相手に伝えることが思いのほか難しいことが分かる。様々な政治的文脈が言葉の含意に影響を及ぼすので、情報伝達（シグナリング）機能が構造的に制約されているからだ。政治学者ウォルトは安全保障のジレンマに絡めて、二国が対立関係にあるとき、各国は相手国の行為について最も悪質な動機を仮定せざるを得ないと警告する（Walt［2022］）。

あるいは、組織内での政治的立場や支持基盤への配慮などが率直な意見交換を妨げることがある。たとえば、タカ派の論調が支配的な空気のなか、融和的な外交姿勢は「弱腰」と見られかねないため、政治家や官僚が敢えて強硬な態度に出る傾向が強まる。中国の「戦狼外交」などその最たる例であるが、米国議会においても、対中強硬路線は超党派的な「総意」となっており、状況は中国とさほど変わらないのであろう。

いっぽう経済の分野では、生産分業などの協力によって全体の利得＝厚生を高め、適正な配分を通してすべての参加主体が純益を得るという「プラス・サム」の関係構築が比較的容易である。このことから、たとえ非友好国どうしの企業であっても、あるいは両者の力関係に差があったとしても、提携企業間で、相手を貶めるための戦術的な情報操作を行うような動機は極めて乏しい。[7]

マクロレベルでのリスク管理を考えた場合、信用関係のネットワークであるGVCは、国境を越えたコミュニケーションを維持する上での重要な公共資産になる。さらに、GVCの情報伝達機能はサプライチェーンの数だけ複線化されており、リスク分散の効果が大きい。すなわちGVCは、経済制裁ツールとしての短期的／戦術的な機能と、（非友好国を含む）国家間のコミュニケーションを維持し、信頼醸成を促す長期的／戦略的機能の両側面を併せ持った「デュアル・ユース」な装置なのである。

パワー中心の国際関係へシフトしつつある今日、経済制裁を効果的に使うことは重要だ。しかし、それが自己目的化しないように、先を見据えた戦略的な仕掛けも同時に構築していく必要がある。世界情勢が激しく揺れ動くいま、GVCの意義を改めて問い直す時ではなかろうか。

1……上海ファイブ：中国、ロシア、カザフスタン、キルギス、タジキスタンの5カ国。当初は中ソ国境問題に端を発する「テロリズム、分離主義、原理主義」活動への国境警備や共同安全管理が主たる目的であったとされている。

2…ただし、この時期における中国の情勢認識を「恐怖（不信）」という枠で一括できるかどうかは論者によって見解が分かれるところである。たとえば、江沢民政権へと引き継がれた「韜光養晦」の外交姿勢は、中国の潜在的（将来的）国力に対する絶対的な自信がその根底にあったとも考えることができる。

3…大橋［2017］が指摘するように、中国の過剰生産は国内政治や社会制度など様々な領域と連動する複雑な問題である。高い家計貯蓄率と対外閉鎖的な資本市場、政府の優遇措置による社内留保の拡大、生産性よりも市場シェアを優先する企業ガバナンス、地方政府と地元企業の癒着（「ゾンビ企業」の存在）など、生産能力の構造調整には政治、経済、社会全体を巻き込んだ根本的な治療が必要となる。

4…なお中国は、近年、新型肺炎を封じ込めた成功体験から「制度の優位性」を謳い、一時的に「驕り」の状態へと立ち戻った。しかし、2022年以降の過剰な都市閉鎖に伴う経済的ダメージによって、「驕り」認識は再び後退したと考えられる。

5…理論カテゴリーとしては「防御的リアリズム」という立場に置かれるモデルである。これに対し、国家は本質的に闘争的・覇権主義的であるという見方は「攻撃的リアリズム」に分類される。したがって米中対立に関しては、中国の一連の政策を安全保障上の防御行動とみるか、それとも国際支配へ向けた覇権行動とみるかによって立場が分かれることになる。

6…Bulman［2021］はその数少ない先行研究の一つである。主に米中の経済政策に焦点をあて、1994年から2020年までの流れを分析している。本書と同様、世界金融危機を米中関係の転換点と見ているが、その後に続く中国の一連の政策を、総じて「防御的なもの」であったと論じている。国有企業への偏向支援、相次ぐ産業政策、人民元の国際化推進、そしてIMF改革やAIIBの設立も、その主たる動機は、世界金融危機によって露呈した中国経済の諸問題を解決するための対応であり、経済的な覇権を目指したものではないという。したがって、そこに中国政権の「驕り」はなく、ゆえに議論のなかでトゥキディデスの罠への言及もなされていない。

7…なお、経済の分野でも、逆選択やモラルハザードといった情報の非対称性に関する古典的な契約問題は存在するが、むろんこれらはゼロサム的な競争ゲームとは区別すべきものである。

コラム 5

囚人のジレンマ

二人の共犯被疑者XとYが、それぞれの独房のなか、互いに意思疎通ができない状態にある。そこで取調官は、各被疑者に以下の条件を提示する。

・相棒の犯行を証言し、かつ相棒の方が証言を拒否したら無罪とする（ペナルティ値0）。
・双方とも黙秘を続けた場合、証拠不十分で二人とも仮釈放（ペナルティ値−1）。
・本人が黙秘を続け、相棒が証言した場合、追加の刑罰（ペナルティ値−5）。
・双方とも証言した場合、ともに有罪（ペナルティ値−3）。

この状況を表で示すと下のようになる。

被疑者Xの視点で見た場合、相棒Yが黙秘と証言、どちらを選択したとしても、自分は証言した方が小さい刑罰となる。（Yが黙秘の場合：自分も黙秘↓−1、自分は証言↓0：　Yが証言の場合：黙秘↓−5、証言↓−3）。

これは、Yから見ても同じであり、結果としてXとYは両方とも相手の罪を証言してしまうことになる。

		被疑者Y	
		黙秘	証言
被疑者X	黙秘	−1／−1	−5／0
	証言	0／−5	−3／−3

＊スラッシュ（／）の左側が被疑者Xのペナルティ値、右側がYのペナルティ値。マイナス値が大きいほど刑罰が大きい。

与えられた環境下で個々人がたどる**合理的選択**の結果（→ −3／−3）

第6章

GVCによる経済安全保障

ＧＶＣの信頼醸成メカニズム

前章では「安全保障のジレンマ」モデルを参照し、ＧＶＣが信頼醸成装置として機能する可能性を論じた。現代的な信頼醸成の概念は、冷戦期の欧州にその原点を見出すことができる。西側と東側の両陣営が直接的に対峙する地理空間において、軍事活動に関する双方の意図を透明化し、偶発的な軍事衝突や紛争へのエスカレーションを回避することが主たる目的とされた。１９７０年代、現在の欧州安全保障協力機構（ＯＳＣＳ）へとつながる一連の国際会議において具体的な措置が講じられ、地域安全保障に関しては、大規模な軍隊の移動や軍事演習の事前通告、オブザーバーの相互派遣などが１９７５年合意の『ヘルシンキ最終文書』に盛り込まれた。

このように、米ソ冷戦期における欧州の信頼醸成は、エスカレーション・リスクへの事前対処という側面に力点が置かれていた。今日の米中対立について本書がＧＶＣに想定するのも同様の安全保障機能、すなわち、経済的デカップリングの暴発と暴走に対する予防措置としての信頼醸成である。以下、そのメカニズムを考えよう。

一般的に輸出規制は、「モノ（製品、ソフトウェア、技術）」と「相手（国、団体、個人）」という二つの軸から検討される。たとえば武器輸出については、武器というカテゴリーに属する製品のリストと、武器禁輸国というカテゴリーに属する国のリストを照らし合わせ、その両方が重なった部分について輸出が制限される。すなわち、輸出規制は「モノ」と「相手」の掛け算で行われる（図

図6-1 「モノ」の規制と「相手」の規制

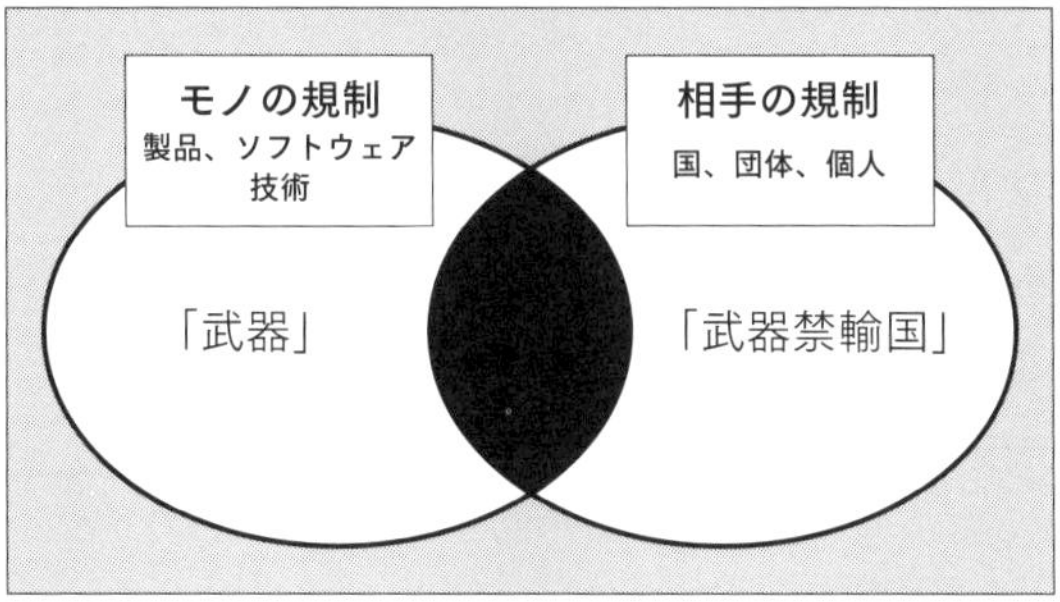

出所：筆者作成。
注：正確にはもう一つ、「用途」という軸があるが、近年、軍民両用品の規制範囲としては「相手（ユーザー)」とほぼ重なっている。

6−1)。

では、このことを踏まえ、いかにしてデカップリングを管理し、その負の影響を最小限に留めるか。

「モノ」からの規制については、既に述べた通り「small yard, high fence」を徹底することだ。軍民両用品など仕分けが難しい対象もあるが、それらについては、規制当局と企業経営者・技術者との間で丁寧な対話を繰り返すしかないだろう。

いっぽう、「相手」についてはどうか。少なくとも現時点においては、「small yard, high fence」に相当するような運用原則があるようには思えない。たとえば輸出規制が適用される主体（エンティティ）のリストについて、米国では「安全保障、外交上の利益に反するもの」、中国では「主権、安全、発展の利益に危害を及ぼすもの」と、ともに曖昧な基準を定めており、いずれも恣意的／拡張的に使用される危険性がある。恐らく、デカップリングのエスカレーション・リスクが最も顕現しやすいポイントではなか

図6-2　米国エンティティ・リストの推移：1997-2020年

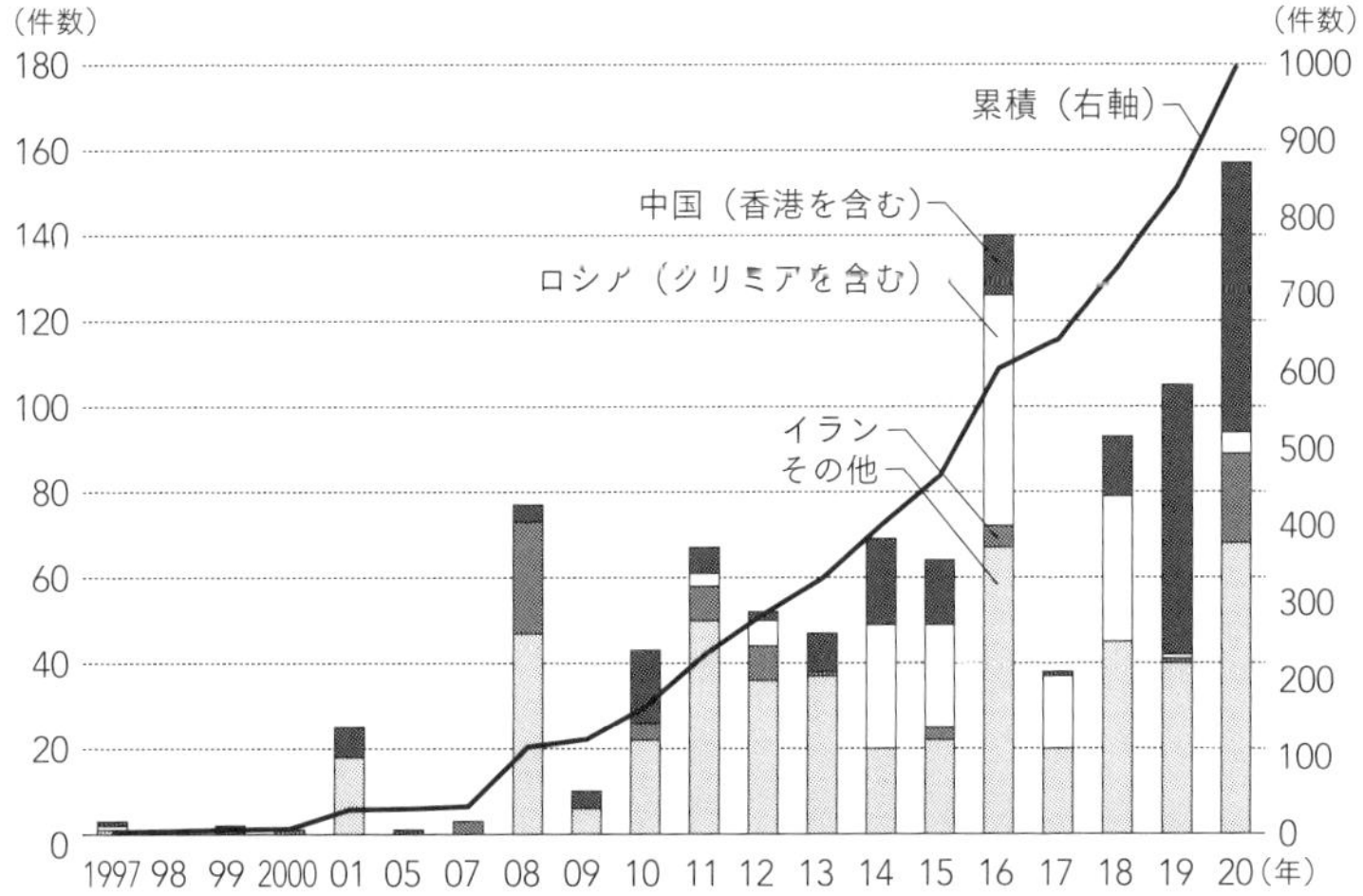

出所：筆者作成。
注：図の作成には、Ney［2021］の筆者であるJeremy Ney氏が収集・構築したデータを利用した。データの共有・利用に対するNey氏の同意に感謝する。

ろうか。

図6－2は、米国商務省産業安全保障局がエンティティ・リストに掲載した企業件数の国籍別推移である。クリミア併合以降の対ロシア、2019年国防権限法成立以降の対中国、イラン核合意離脱後の対イランと、米政権の対外的なスタンスがリストの構成へ如実に表れている。

「モノ」からの規制については、ワッセナー・アレンジメントや米国輸出管理規則(EAR)、あるいは日本の外為法などの中で具体的な製品・技術リストが存在し、その審査は純粋に物理的・技術的観点から行われる。これに対し、「相手」の適正審査(designation)については、その個人あるいは団体が軍事組織と関係しているか否かといったアイデンティティの問題となり、審査対象の信用性は決定的に重要だ。現在、運用上は経済インテリジェンスの情報をもとに規制当局が一元的に判断している場合が多く、これに対しては、企業の取引関係を基盤とした信頼醸成の効果が期待できる領域である。

信頼醸成に立ちはだかる「軍民融合」という壁

建国以来、中国では軍部と民間の協力・一体化が常に強調されてきている。国家スローガンも毛沢東時代の「軍民結合」に始まり、名称と力点を変えながら今日の「軍民融合」へと至った。以下の記述は土屋［2021］をもとにするが、その分析でも詳述されているように、中国の国防と経済は発展計画の両輪として、いずれも国家戦略の中核をなしている。

改革・開放路線時代は、軍事技術／資源を民間に開放・転用することで経済発展を促すという「軍転民」がキーコンセプトとされた。これは、今でいうところの「スピンオフ」にあたるのだろう。しかし最近は逆方向の、民間が開発した先端技術を軍事分野へ応用するという「民参軍」が推し進められている。この傾向は欧米諸国でも見られるが、これが単なる技術の「スピンオン」と異なるのは、中国では併せて開発資金面での民間参入も重視されている点である。その背景には、経済成長が鈍化するなか公的な国防費の伸び率にも限界が見られるようになり、それを補塡する形で民間資金の活用が模索されたことがある。たとえば現在、国有企業改革の一環として、軍工企業の株式化による軍民の「混合所有制」が推進されている。

「軍民融合」は胡錦涛前政権が最初に提唱したが、それは今日の習政権でも国家スローガンとして継承され、現在、様々な制度構築を通して政策への具現化が図られている。2017年、国家機構として中央軍民融合発展委員会が設立された。習総書記が主任を務めるほか、総理や中央政治局常務委員、中央軍事委員会副主席など党・政府・軍部のトップによって構成されている。

また運用面においても、国家国防科学技術工業局が具体的なアクションプランを策定し、軍民融合を促進すべき製品・技術の目録が整理された。さらに、装備製造や原材料、電子情報といった戦略的産業については、軍民融合を支援する産業基地が全国22省・市・自治区において設置されている（土屋［2021］）。

ただし、このような流れは決して中国に限られたものではない。Chachko［2021］によれば、米国においても、巨大プラットフォーム企業が政府の安全保障戦略に深く組み込まれているという。

そもそも米国では、外国情報監視法（FISA）や通信記録保管法（SCA）など、国内治安・安全保障に関わる重要な情報を政府当局が民間企業から吸い上げるための法制度が確立されている。これに加え、近年、とくに安全保障問題への関与を深めているのが、フェイスブック、ツイッター、グーグルなどのICT系プラットフォーム企業である。

米国プラットフォーム企業によるインテリジェンスへの関与はもっぱら二つの問題へと向けられている。一つはテロ対策。かつてSNS（ソーシャル・ネットワーキング・サービス）が国際テロ組織に利用され、そのことが大きな社会問題になったことをきっかけに、プラットフォーム企業は独自にテロ関連情報の収集と分析を行う組織づくりに邁進した。国家安全保障会議（ＮＳＣ）の元高官を関連ポストに引き入れるなど、この分野における政府とのパイプを強化している。また、企業間の連携枠組みとして、フェイスブックやマイクロソフトの呼びかけにより「反テロリズム・グローバル・インターネット・フォーラム（ＧＩＦＣＴ）」が設立された。

もう一つの目的は、国政選挙への不当介入阻止、ことに外国勢力によるＳＮＳを利用した情報操作の防止である。これは、とりわけロシアの介入が疑われた２０１６年の米国大統領選挙以降に注力され、さらに、国内不穏分子（Ｑアノン・グループ、２０２１年１月６日の米国議会襲撃事件関与者など）の摘発へと対象が大きく拡大された。

こういったプラットフォーム企業による「民間」経済インテリジェンスは、米国政府と高いレベルでの協力関係を築き上げ、現在、その活動範囲を急速に広げている。ことに近年は、経済安全保障の問題と絡め、商務省のエンティティ・リストにも影響を及ぼしている可能性がある。さらにプラットフォーム企業は、政府のリストに加えて独自の基準により制裁対象を定め、アカウントの削除などＳＮＳからの追放措置を科している。すなわち現在、ＩＣＴ系プラットフォーム企業は米国政府による対外制裁を拡張・強化する役割を演じているという（Chachko［2021］）。

ＧＶＣの信頼醸成装置は「絵に描いた餅」か

さて、中国では近年、国内で「軍民融合」への言及が極端に減少したとのことである。土屋

［2021］によれば、2019年を境に『解放軍報』紙をはじめとするメディアや、党・政府の発言のなかで「軍民融合」がほとんど表れなくなったという。また、ウェブサイト上でもこの言葉を用いた記事や投稿が削除されたり、関連情報を扱うアカウントが閉鎖されたりといった異変が起きているらしい。

土屋［2021］はその背景として、政策が施行されるや否やその恩恵に与ろうという企業が国内で頻出し、その中には実体を伴わない名ばかりのものも多かったため、「軍民融合」のキャンペーンとしての意義に政権内で疑問が生じた可能性を指摘する。

さらにここでは、同様に重要な要因として、中国の「軍民融合」概念が対外的に及ぼした影響も併せて考える必要があるだろう。「軍民融合」はその名が示す通り、軍部と民間との境界線を取り払おうというものである。ことに、混合所有制の導入で軍事発展が企業の利益へ直結し、経済メカニズムの制度的な動力を得ることになった。[1]

こういった一連の流れに対し、米国は、それまでロシアとベネズエラ向けの輸出のみに適用していた軍事エンドユーザー規制を対中貿易にも導入した。「軍事エンドユーザー」は、軍や国家警察、諜報機関等に加え、「軍事用途を支援するあるいはその機能を有する個人や団体」も対象とする。その結果、軍民一体化を進める中国については、一般民間企業や研究機関、大学までもが規制審査の対象となる可能性が生じる。

第4章でも述べた通り、中国は海外からの技術移転にいまだ依存せざるを得ないポジションにある。中国政権は今になって、軍民一体化という建国以来の政策レガシーが、「外循環」を介した技術発展を阻害する要因となり得ることを自覚したのかもしれない。しかし、「時すでに遅し」であり、中国の経済行政に対する外資のイメージは取り返しのつかないほど悪化した。むろん、技術の窃取や強制移転、2017年の国家情報法による国民「総スパイ化」といった諸外国の目線も、中国政府や企業への不信を深める要因となったことは言を俟たないであろう。さらに、2023年4月に成立した改正反スパイ法は、中国の企業情報や学術的研究成果等へのアクセスを大幅に制限。それに抵触すれば「スパイ行為」として恣意的に拘束・立件される可能性が浮上した。これは、最終用途・最終ユーザーの情報が必須の輸出管理において大きな制約となり、輸出入許可への間口を著しく狭めたことになる（安全保障貿易情報センター［2023］）。

このような状況下、企業間の信用を基盤に据えるGVCの信頼醸成メカニズムが、米中の二国間関係へ直接的に作用することはほとんど期待できない。むしろ今後、ことに先端技術分野においては、米中間の信頼醸成どころかサプライチェーンの分離がますます進行することが想定される。[2]

では、信頼醸成装置としてのGVCは、「絵に描いた餅」にすぎないのであろうか。

これまで繰り返し述べてきた通り、GVCによる信頼醸成が目指すのはデカップリングのエスカレーション・リスクを管理することである。むろん、モノの規制のエスカレーション、すなわち、規制範囲が機微技術という枠を超えて汎用品や日用品にまで拡張されるといったタイプのリスクにも警戒は必要だ。しかし現在、その最大の脅威は、米中デカップリングが第三国へ波及すること、とりわけインド太平洋地域で地理的に拡大することである。しばしば「新冷戦」という言葉でも言い表されるように、米中対立はかつての米ソ対立のように世界を二分する危険性をはらんでいる。インド太平洋はそのようなリスクに最も晒されている地域だ。そこで、いかにしてデカップリングの飛び火を予防し、地域の安定的な通商システムを維持するか。これが、GVCによる経済安全保障の喫緊の課題である。

米国のフレンド・ショアリング戦略

「繁栄のためのインド太平洋経済枠組み（IPEF）」は、2021年の東アジアサミットにおいてその構想が打ち出され、今日、バイデン政権が掲げる『インド太平洋戦略』の中核に位置付けられている。トランプ前政権がTPP（環太平洋パートナーシップ）からの離脱を表明して以降、環太平洋地域の国際通商レジームではしばしば米国不在の状況が続いていた。その隙をつくような形で、既にRCEP（地域的な包括的経済連携）の加盟国である中国がさらにCPTPP（環太平洋パートナーシップに関する包括的及び先進的な協定）への加入を申請したことは、米国にして改めて同地域に対する包括的な経済関与の必要性を意識させることとなった。

一般的に、IPEFは米国にとってTPPの代替という見方がされている。しかしその取り決めには物品市場アクセスに関する事項が含まれておらず、TPPのような従来型のFTAとは異なった性格を有している。これは現在、米国議会が大統領へ時限的に付与する「大統領貿易促進権限

（ＴＰＡ）」が失効中であり、政権がＣＰＴＰＰへの復帰や、関税削減など議会の通商権限に抵触するような協定の締結へ動けない状況に置かれていることが背景にある。[3]

したがってその内容は、主に通商ルールの策定や政策調整、多国間協力支援への取り組みといった国際ガバナンスの枠組み作りが中心となり、重点分野として①貿易、②サプライチェーン、③クリーンエネルギー・脱炭素化、④腐敗防止の４つが挙げられている。また、枠組み参加への敷居を低くするため、これら４つの分野からどの取り決めに関与するかを自由に選べるという制度的柔軟性が担保されている（菅原［2022］）。

さて、バイデン政権は２０２１年２月の大統領令でフレンド・ショアリングによるサプライチェーンの強靭化を訴え、また、今日の『インド太平洋戦略』においても改めてその重要性を強調している。政権が編み出したフレンド・ショアリングへの政策ツール、その一つが米国貿易管理ルールの対外移植であることは第４章で見た通りである。これは、輸出規制の域外適用免除を交渉カードとした実に効果的な手法であった。現在、38カ国・地域が米国と類似した貿易管理ルールの導入を約束している。

そして、ＩＰＥＦもフレンド・ショアリング政策ツールの一つであることは、政権自身が、大統領令「米国のサプライチェーンについて」に対する報告書の中で公言している（The White House［2022b］）。現在、政権はフレンド・ショアリングを全方向へ展開しており、欧州においては「貿易・技術評議会（ＴＴＣ）」、米州においては「経済的繁栄のための米州パートナーシップ（ＡＰＥＰ）」、そしてアジアではこのＩＰＥＦと、バイデン構想は世界地図の余白を着々と埋め続けている。

フレンド・ショアリングの罠

では、こうした米政権の積極姿勢に対し、諸外国、ことに開発途上国はどのような反応を見せているか。先述した通り、ＩＰＥＦは関税削減・撤廃といった伝統的な貿易自由化概念に基づく取り決めを含んでいない。これは、先進国市場へのアクセスを期待する新興国・途上国にとって、枠組み参加へのインセンティブを著しく損なうと考えられている。このことからＩＰＥＦを「黄身のない目玉焼き」と評する向きもあるが、果たして本当にそうであろうか。

バイデン政権は、ＩＰＥＦとならび、インド太平洋地域のインフラ整備や技術協力を進めるためのＢ３Ｗ（Build Back Better World）イニシアチブを掲げ、既にＧ７での合意を取り付けている。[4] ＩＰＥＦとＢ３Ｗは『インド太平洋戦略』の両輪として位置づけられており、途上国視点では、それらを一つの交渉パッケージとして見ている可能性が高い。つまり、ＩＰＥＦが定めるような高水準の国際ルールへ準拠することへの見返りとして、Ｂ３Ｗによるインフラ支援や技術協力を得るという選択肢である。

これはまさに、ＧＶＣの発展を前提に、かつてボールドウィンが予言した「21世紀型国際ガバナンス」がインド太平洋地域において現実化しつつあることを意味している（第3章参照）。むろん途上国政府にとっては、ルールの国際化へ向けた国内制度改革という少なからぬ痛みを伴うプロセ

図6-3　IPEFと主要な広域FTA／協力機構の参加国

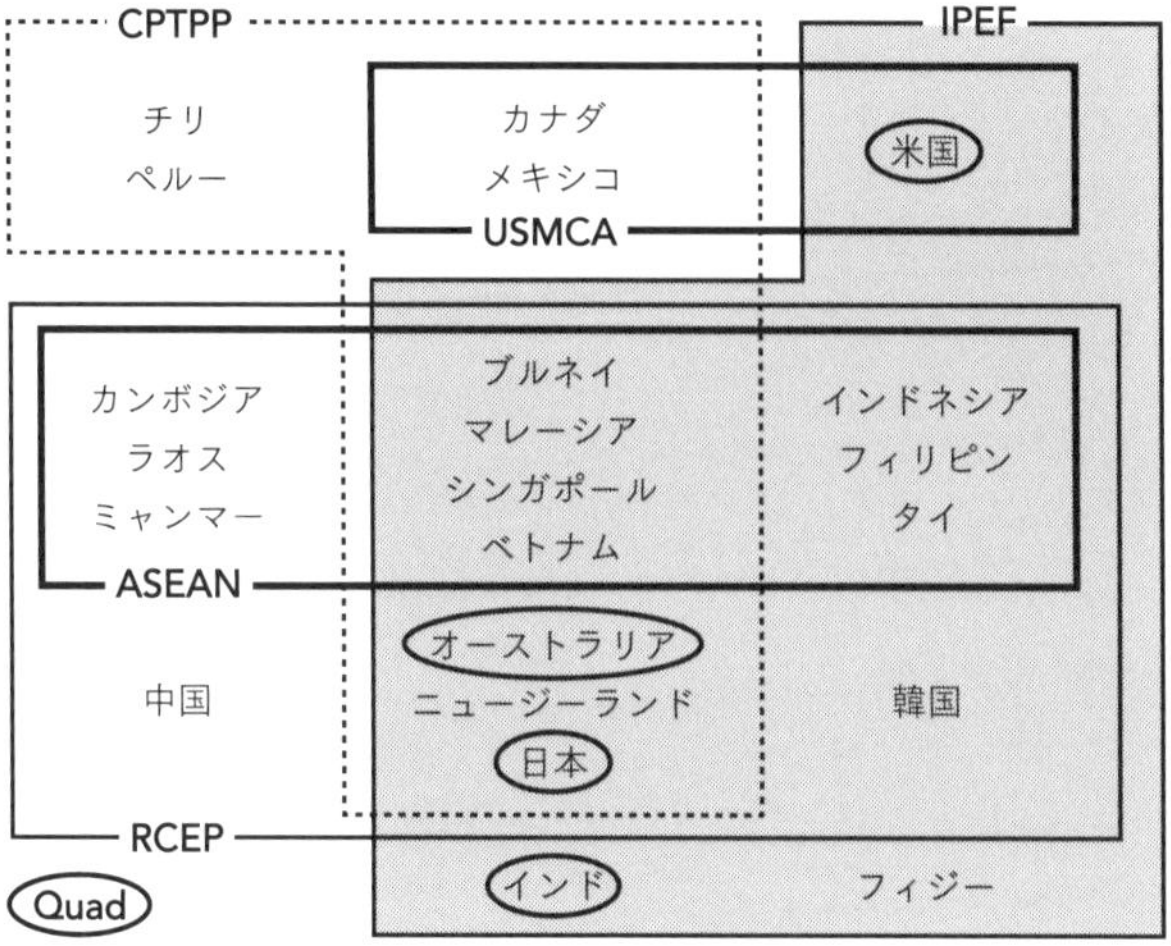

出所：筆者作成。

スである。しかし、たとえ市場アクセスという需要サイドの恩恵に浴することができなくとも、インフラ投資や技術協力という供給サイドでの能力構築支援は十分に魅力的だ。その結果、ASEAN（東南アジア諸国連合）については、当初、中国への配慮から米主導の枠組みに対して慎重な姿勢を通すのではないかとみられていたが、最終的には7カ国が参加を表明した（図6－3）。

米国の『インド太平洋戦略』は中国の『一帯一路』構想と対をなしている。第3章で結論づけたように、米中間でこのまま「21世紀型国際ガバナンス」の競争が激化すれば、国際ルールの分断により、経済的デカップリングがレジームとして固着する危険性がある。米国のレモンド商務長官は、IPEFが（先述4分野のような）重要問題に関する中国アプローチの代替案にすぎず、米中のいずれかを選ぶ「踏み絵」をインド太平洋諸国に迫るものではない、と語っている（The White House［2022c］）。しかし、そういった言葉を額面通り受け取るほど中国政府も途上国政府も単純ではないだろう。

ASEANと「グレーな世界」

鍵を握るのは、ASEANを核とした地域安全保障制度である。ASEANは1967年のバンコク宣言によって設立され、現在は東南アジア10カ国で構成される地域共同体だ。様々な国に向けられた包含的な外交戦略を掲げ、今日に至るまで東アジア地域の安定化へ多大な貢献を果たしてきた。

今日、米中対立が先鋭化するなか、その地政学的磁場を形成する東南アジアが、あたかも大国間競争に翻弄される草刈り場であるかのごとく見られることが多い。しかし大庭［2023］は、むしろASEANがキー・プレイヤーとして地域の安全保障へ主体的に関わっており、国際社会を「民主主義 対 権威主義」といった形で白黒判別できない「グレー」なものにしていると論じる。以下、大庭［2023］が描いた「グレーな世界」におけるASEANの姿を見てみよう。

ASEANの対外政策に見られる包含性は、特定の国、ことに米国や中国など大国への偏向依存に対するリスク回避がその戦略基盤をなしている。たとえば、米国や日本による「自由で開かれたインド太平洋（FOIP）」構想への対抗案として、2019年6月、「ASEANインド太平洋アウトルック（ＡＯＩＰ）」が打ち出された。これはＦＯＩＰと異なり、中国やロシアとの協調・協力も想定した作りとなっている。さらに２０２１年11月、中国との戦略的パートナーシップを包括的戦略的パートナーシップ（ＣＳＰ）へ格上げし、同国との連携強化に努めたいっぽうで、２０２２年11月の米国・ＡＳＥＡＮ首脳会議では両者間でもＣＳＰへの格上げが合意された。対中・対米関係において絶妙なバランスの維持が図られている。

またウクライナ侵攻後のロシアに対してもＡＳＥＡＮは対話の場を閉ざすことはなかった。２０２２年のＡＳＥＡＮ議長国カンボジアは、欧米諸国からの圧力にも拘わらず、東アジアサミットでロシアを排除しない方針を取っている。また同年、G20議長国インドネシア、ＡＰＥＣ議長国タイも、それぞれの諸会議へロシアを参加させる方向で動いた。これには、ロシアと経済的な結びつきを深めることで、中国に対する偏向依存を緩和する目的がある。[5]

では、大庭［2023］が描いた「グレーな世界」は、インド太平洋地域においてどのように顕現しているのであろうか。図６－４は、米中間における各国の政治的な立ち位置を対外政策の類似度によって示し（→ヨコ軸）、またその立ち位置と、対米・対中の経済依存度（→タテ軸）を照らし合わせたものである。対外政策の類似度は国連総会での投票行動をもとに計測されている。具体的には、議決において米中どちらの国と同調する票を投じているかによって類似度が定められている。いっぽうのタテ軸は、国際産業連関表を用い、各国のサプライチェーンについて、米国源泉の付加価値額と中国源泉の付加価値額の比率を示している。串団子のように垂直に立ち並ぶマーカーが、

図6-4　インド太平洋諸国の政治的立ち位置と米中への経済依存：2020年

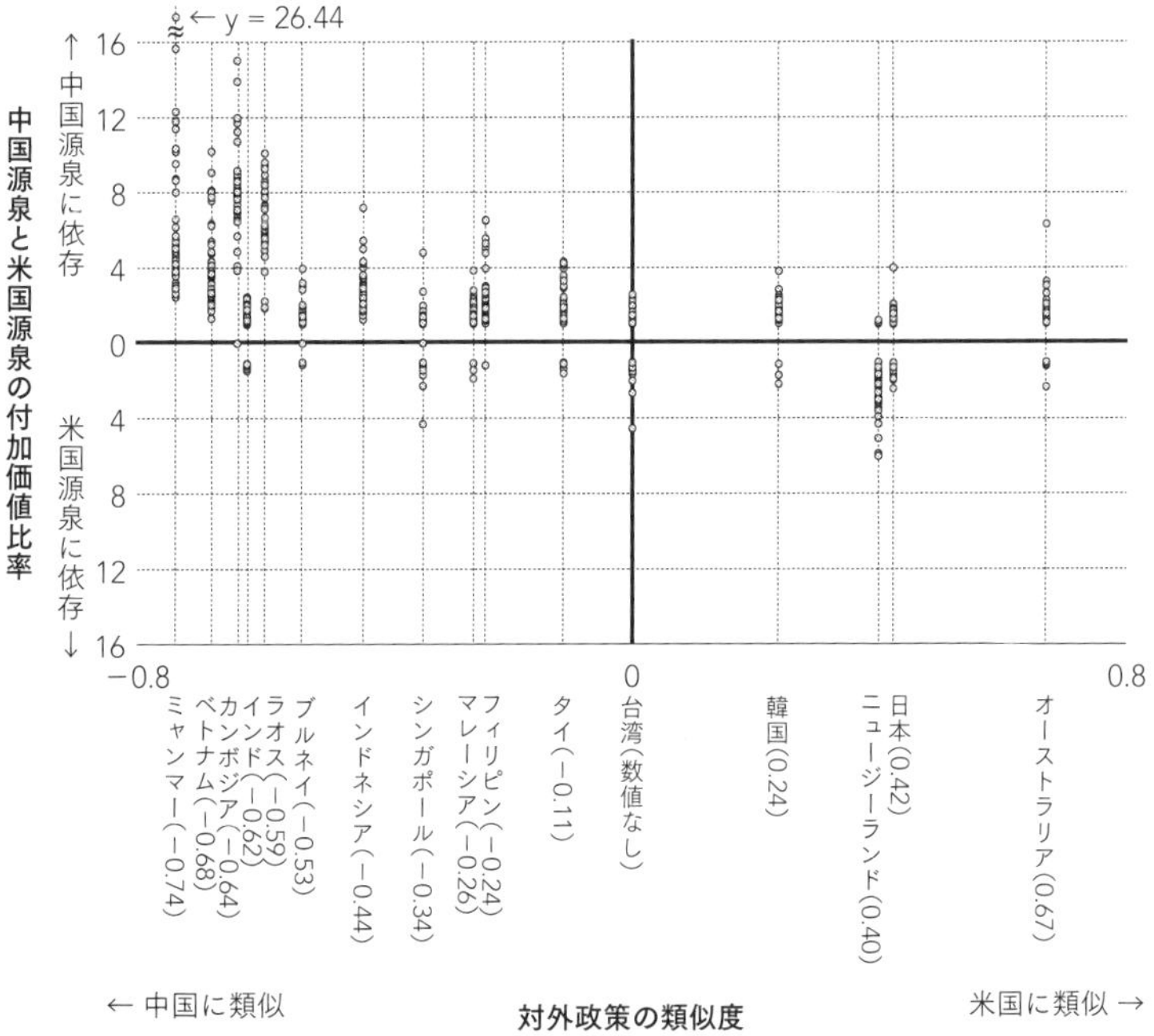

出所：筆者作成。

注1：対外政策類似度はHäge［2011］の手法をもとに以下のデータベースから算出。
Harvard Dataverse: "Chance-Corrected Measures of Foreign Policy Similarity（FPSIM Version 2）"

注2：付加価値額が「中国源泉＞米国源泉」の場合は「中国源泉÷米国源泉」の値を原点より上方向に、「米国源泉＞中国源泉」の場合は「米国源泉÷中国源泉」の値を原点より下方向へプロットした。

注3：インドとカンボジアは対外政策類似度が近いため、グラフ上で重ならないよう、インドの数値を若干調整した。実際の数値はカンボジアが（-0.6388）インドが（-0.6383）。また、台湾は関連データが無いので原点上に置いた。

それぞれ各国の産業（全45部門）に対応しており、タテ方向の位置でサプライチェーンの対中／対米依存度を表している（ただし、多くのマーカーが図の上で重なっているため、45部門すべてを表示できてはいない）。

まず、ヨコ軸方向で対外政策の類似度を見ると、ＡＳＥＡＮ諸国とインドは原点より左側に位置しており、総じて中国と同調する政策を取っている。しかし、その類似度合いは国によって様々である。

さらに、それらをタテ軸方向の数値と照合すると、ＡＳＥＡＮ諸国については、シンガポールを除き対外政策の類似度と経済依存度（付加価値額比率）が概ね相関している。いっぽう、米国寄りのオーストラリア、日本、韓国については、かならずしも米国経済への偏向依存は見られず、付加価値源泉としては米中ほぼ均等な依存状況にある。政治的立ち位置と経済依存の関係性は、中国方面と米国方面で明確な非対称性が見られる。むろん、このような非対称性は経済発展と密接に関係している。発展レベルが高い国ほどサプライチェーンの国際展開が進み、特定国への偏向依存が低くなるからである。

この図にも表れているように、インド太平洋と一口に言っても、米中間での立ち位置は、政治的にも経済的にも国によって様々である。まさに「グレーな世界」における各国の「グレースケール」がデータによって如実に示されている。

アジアGVCの信頼醸成

さて、このようなメンバー国の多様性ゆえ、ASEANは対外政策に複層的な構造を取り込んでいる。個々の国レベルでは米国や中国、日本、インドなど域外主要国に対して独自の外交姿勢を取らせつつ、ASEAN全体としては「ASEAN＋1」という形でこれら諸国との対話や協議を進めている。多様性を受け入れる制度的柔軟性によってメンバー国間の対立を回避しつつ、各国の政治的・経済的近似性に従いその外交の触手を多方面へ展開する。いっぽうで、ASEANとしての集団交渉能力により対外的なプレゼンスも併せて確立するという仕組みだ。この複層的なアプローチがASEANの包含性と中心性を同時に支えている。これが、「グレーな世界」においてASEANがキー・プレイヤーであり続ける所以である。

また、ASEANの包含的な対外戦略は必ずしもリスク分散といったことだけでは説明ができない部分もある。たとえば、RCEPにおけるASEANの立ち位置を考えよう。

RCEPはCPTPPや日EU経済連携協定など他の貿易協定と比べ、貿易自由化のレベルと包括性において遅れをとっている。しかし、その加盟国には日本、中国、韓国など、互いに難しい外交問題を抱える国が名を連ねており、地域安定化の観点から極めて意義高い協定である。

木村［2022］はその成立に向けてASEANが果たした役割を強調する。そもそもRCEPの大枠はASEANの経済統合をモデルとしてデザインされた。また、閣僚会議など主要な会議は原則

表6-1　RCEP発効以前のFTA締結状況

	ASEAN	中国	日本	韓国	オーストラリア・ニュージーランド	インド
ASEAN	✓	✓	✓	✓	✓	✓
中国	✓			✓	✓	
日本	✓				✓	✓
韓国	✓	✓			✓	✓
オーストラリア・ニュージーランド	✓	✓	✓	✓	✓	
インド	✓		✓	✓		

出所：木村［2022］

的にＡＳＥＡＮが受け皿となっている。しかし、協定発効までの道のりは決して平坦なものではなく、２０１９年、日中韓ＦＴＡの交渉が頓挫し、そしてオーストラリアも新型コロナウイルスの国際調査をめぐって中国から経済的威圧を受けるなど、当時、環太平洋地域を取り巻く国際関係は緊張を高めていた。そのなか、２０２０年11月、これら国々を包摂するＲＣＥＰの署名へと漕ぎつけたのは、何よりもＡＳＥＡＮの全方位的な外交努力に寄るところが大きい。

表６－１はＲＣＥＰ加盟国・地域およびインドにつき、協定発効以前のＦＴＡ締結状況を示したものである。ＡＳＥＡＮはＲＣＥＰ発効前から、既にすべての交渉国とＡＳＥＡＮ＋１の枠組みでＦＴＡを結んでいる。いっぽう、日中、日韓はＲＣＥＰの中で初めてＦＴＡでつながることになった。すると、ＡＳＥＡＮから見れば、日本や中国など域外諸国の間で貿易が盛

図6-5　ASEAN-FTAのトポロジー

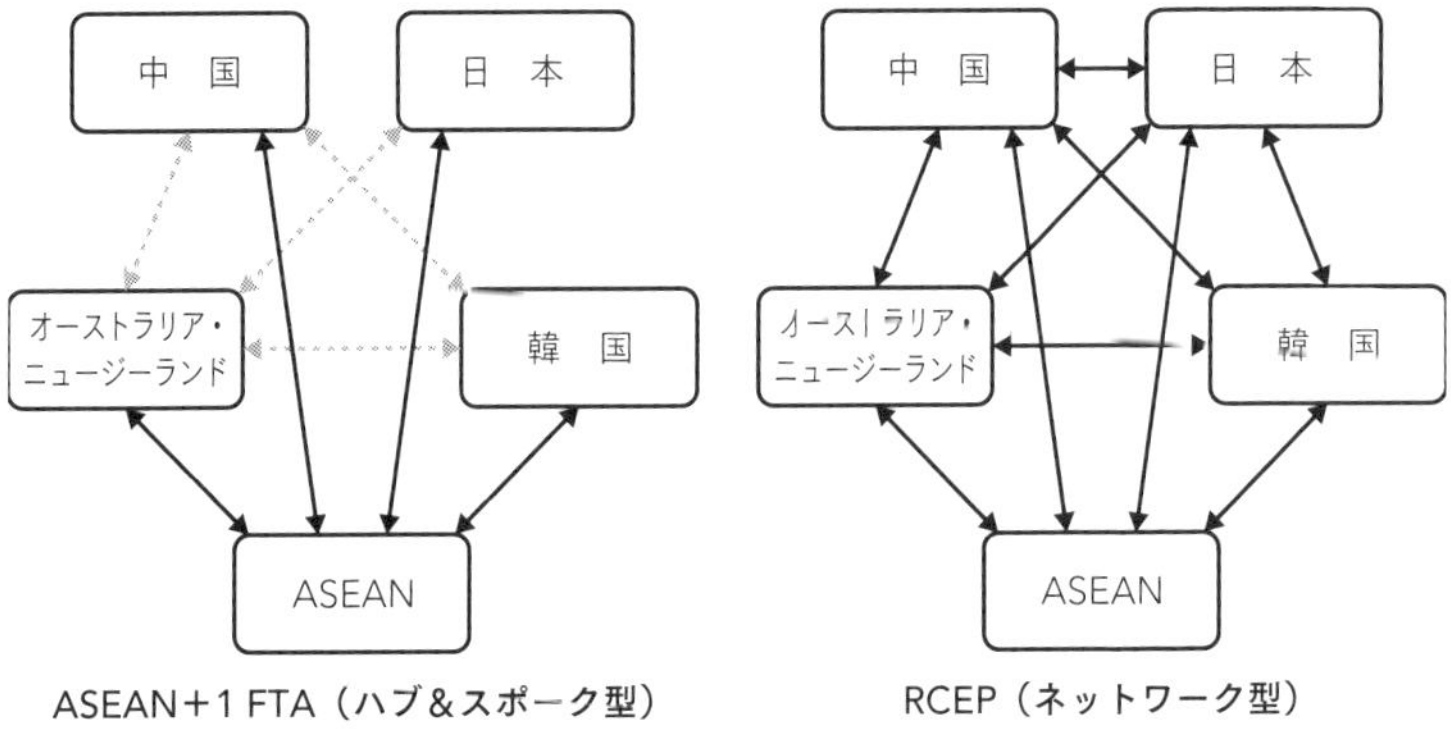

出所：筆者作成。

んになり、そこへ経済取引を持っていかれるという「負の貿易転換効果」が起こる可能性が生じる（木村［2022］）。実際、協定発効の2022年において、RCEP加盟国へ向けた日本企業による原産地証明の発給実績は、中国向けが5万9630件、韓国向けが2万9418件で、両国向けの輸出だけでRCEP全体の98％を占めたという（日本経済新聞［2023］）。

RCEPの関税撤廃率が既存のASEAN＋1と大きく変わらないという事実を考えると、実はASEANにとってRCEPに加わる経済的合理性はさほど高くはない。それにも拘わらずなぜASEANは、各国との「＋1」を超えてRCEP設立を目指したのか。それは、ASEANの戦略的包含性・中心性が「ハブ＆スポーク型」のリスク分散にとどまらず、RCEPのように地域全体の風通しを良くすることで安定化を図るという「ネットワーク型」の安全保障をも追求したからだと考えることができる（図6－5）。

ＡＳＥＡＮの媒介性

ＡＳＥＡＮには、１９９３年に設立されたＡＳＥＡＮ地域フォーラムという信頼醸成機構がある。その後、１９９７年のＡＳＥＡＮ＋３、２００５年の東アジアサミット、２０１０年の防衛大臣会合プラス（ＡＤＭＭ＋）と拡大を続け、現在では「ＡＳＥＡＮアーキテクチャ」と呼ばれる重層的な地域安全保障制度へと発展を遂げた。

古賀［2022］によれば、ＡＳＥＡＮアーキテクチャは欧州型と視点の異なる信頼醸成概念に基づいているという。本章冒頭で述べた通り、冷戦期における欧州の信頼醸成は、専ら軍事情報の非対称性がもたらすリスクへの事前対処という側面に重点が置かれていた。したがってそのプロセスの実現には、軍を統制する国家の頑健性が大前提となる。いっぽうアジア地域では、近年に至るまで国家の枠組みそのものが脆弱であり、むしろ安全保障上の脅威は政体の崩壊や内紛の国際化といった形で顕現することが多かった。

その結果、ポスト冷戦期に欧州の信頼醸成措置がアジアへ移植される過程で、地域特有の信頼醸成概念が発達したという。それは、軍事政策の透明化のみならず、そもそも域内にどのような安全保障リスクが存在するのかといったことに関し、国家間の「対話」を通じて共通認識を得るための問題発見型プロセスとして理解されている。

さらに古賀［2022］は、ＡＳＥＡＮアーキテクチャがアジア地域の安定化に果たした役割を高く

表6-2　インド太平洋地域における付加価値フロー：2020年

	付加価値フロー	米国	中国	日本	ASEAN	インド	韓国	オーストラリア	台湾	ニュージーランド	インド太平洋地域平均
上流	源泉	20,905,690	14,638,237	4,848,042	2,923,812	2,571,231	1,575,568	1,348,622	650,537	200,698	**49,662,436**
		40.03%	37.59%	39.74%	36.49%	38.83%	36.72%	39.02%	37.32%	38.23%	38.79%
↓	中継	9,770,870	9,950,294	2,495,340	2,268,250	1,433,019	1,193,247	814,573	527,919	120,922	**28,574,432**
		18.71%	25.55%	20.46%	28.31%	21.64%	27.81%	23.57%	30.29%	23.03%	22.32%
	最終需要	21,550,733	14,358,310	4,855,300	2,820,425	2,618,209	1,522,520	1,293,169	564,685	203,413	**49,786,765**
下流		41.26%	36.87%	39.80%	35.20%	39.54%	35.48%	37.41%	32.39%	38.74%	38.89%
	合計	**52,227,292**	**38,946,842**	**12,198,682**	**8,012,487**	**6,622,459**	**4,291,334**	**3,456,364**	**1,743,140**	**525,033**	**128,023,634**
		100.00%	100.00%	100.00%	100.00%	100.00%	100.00%	100.00%	100.00%	100.00%	100.00%

出所：OECD国際産業連関表をもとに筆者作成。
注：上段の単位は百万USドル。中継付加価値額の計測には、産業連関分析のHypothetical Extraction Method（HEM）を用いた（Inomata and Hanaka［2021］）。

評価しつつも、近年、その機能が急速に弱まったことも指摘する。ことに、ASEANのコンセンサス方式による意思決定システムが、予防外交や紛争解決など、ある程度の力技を要する制度への発展を阻害したことを述べている。また、協議分野の細分化や域外国の参加拡大などにより権限が分散され、ASEANの制度的求心性が低下したことも原因として挙げている。

たしかに、もしASEANアーキテクチャが制度的発展を遂げ、紛争解決等へも働きかける能力を育んでいれば、現在の南シナ海をめぐる問題も異なった展開を見せていたかもしれない。しかしいっぽうで、ASEANに特有の「多様性の中での〈対話〉を通じた信頼醸成」という機能は健在であり、まさに今日、地域安全保障の問題が米中対立という冷戦型構図へと大きく変容するなか、むしろその重要性を増しているのではなかろうか。

ことに「GVCの地政学」においてASEANが重要な理由は、その高度に発達した域内生産システムの存在である。周知のとおり、ASEANは2015年にASEAN経済共同体（AEC）を発足させ、9割を超える品目について域内貿易を非課税にするなど、高レベルの貿易自由化を果たしている。その結果、域内に複雑かつ厚みのある生産ネットワークが発達し、これがさらに地域の安定化を支えるという好循環を生み出した。

またASEANは、付加価値源泉や最終需要市場といった経済規模では米国、中国、あるいは日本に及ばないものの、付加価値フローの中継地点として欠かせない役割を果たしている。特定産業ではサプライチェーンの「チョークポイント」を握っている可能性が高く、この意味においてもその重要性が理解できよう。

表6－2は、付加価値源泉、中継地点、最終需要市場としての付加価値額を、インド太平洋諸国の間で比較したものである。網掛けした比率に表れているように、韓国、台湾と並び、ASEANの域内生産ネットワークにおける高い媒介能力を見て取ることができる。[6]

信頼醸成の連鎖反応

ここで再び、GVCの信頼醸成メカニズムについて考える。それは、企業の取引関係を媒体に、信用のネットワークを構築するプロセスである。先述したとおり、米国と中国の二極に対してこの装置を直接的に適用することは難しい。しかし、インド太平洋地域の「グレースケール」なGVC

図6-6　グレースケールなサプライチェーンと信用の「連鎖反応」

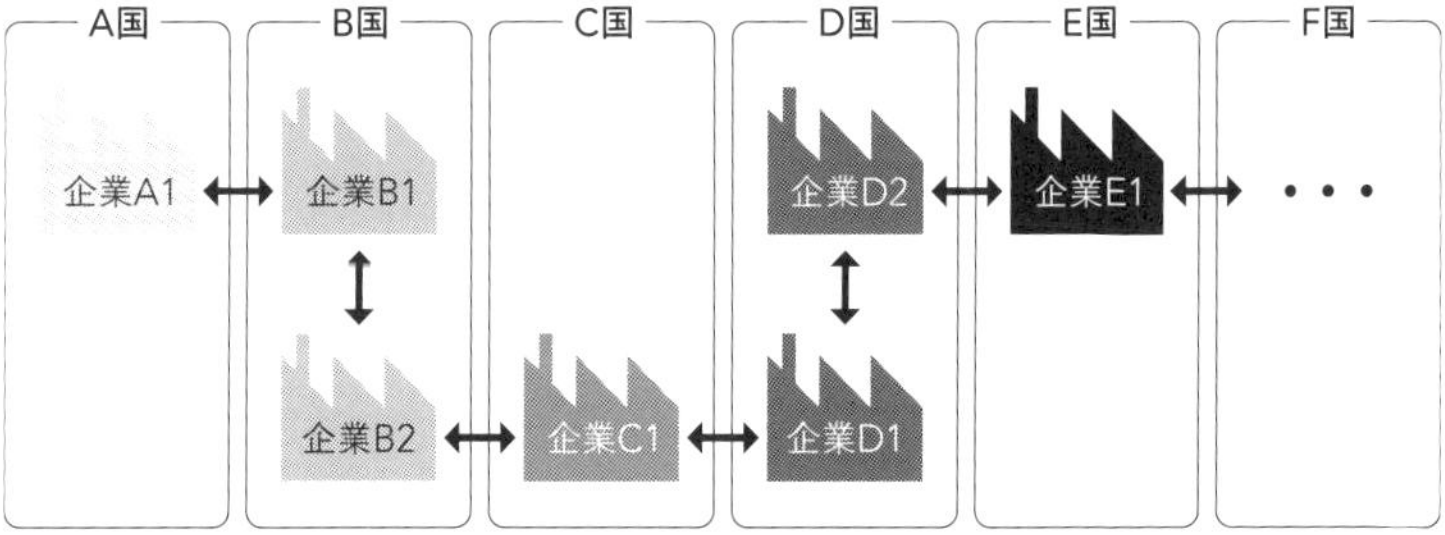

出所：筆者作成。

ではどうであろうか。ある国の企業群が、まずは政治的・制度的特性が似通った「近似国」の企業と信頼関係を深め、さらにその国の企業群がその先の「近似国」企業と信頼醸成を進める。たとえば前出の図6－4に即していえば、水平方向に途切れ目のない取引関係の連鎖を構築するのである。このプロセスが複線的に繰り返されることにより、いずれは米国と中国を間接的に信頼醸成経路へ引き込むか、あるいは少なくとも、インド太平洋地域における経済的・制度的分断のエスカレーションを抑える効果は期待できそうである（図6－6）。

むろん、企業は安全保障のためにビジネスを行っているわけではない。営業利益と企業価値の最大化が目的であり、また、それこそがGVC発展の原動力である。むしろ、行政サイドにおいて、サプライチェーンが信頼醸成の装置となりうることを認識し、それを積極的に活用するための仕組みを整えていくことが重要だ。

ASEAN地域フォーラムでは、域内シンクタンク等での議論を公式な政府会合へ組み入れる「トラック2」が確立されている（古賀［2022］）。その主要な仲介組織であるアジア太平洋安全保障協力会議（ＣＳＣＡＰ）で、アジアＧＶＣの維持と地域安全保障への活用について官民のすり合わせが行われれば、それが「トラック２」から政策レベルへ引き上げられる可能性が生まれる。サプライチェーンを介した信用の連鎖反応と、「トラック２」を介した政策への関与が相補的に広がることで、アジアＧＶＣの信頼醸成メカニズムは機能する。ただしその大前提として、今後もＡＳＥＡＮが包含性と中心性を安全保障戦略の柱として維持できることが最も重要である。

ここで日本は、ＡＳＥＡＮへの関わり方を間違ってはならない。対等なパートナーとして、ＡＳＥＡＮの包含性と中心性を支持・支援するような外交関係を築いていくべきである。ましてや、フレンド・ショアリングによってアジア地域を分割する、あるいは「こっち側」へ引き入れるといった試みは全く不毛である。もっともＡＳＥＡＮは、そのような試みを一笑に付すであろうが。

1……ただし大橋［2017］は混合所有制の有効性について、そもそも民間企業が赤字国有企業に出資するのか、規模の異なる国有企業に出資して経営面の主導権を握れるのか、企業文化や賃金水準の相違を克服できるのか、といった疑問を呈している。

2……増田［2020］によれば、習近平政権となってからも、しばらくは米中間で危機管理メカニズムの構築が模索されていたという。２０１６年末までに二国間の協議・協力に関する100以上の枠組みが制度化されている。また、軍事面においても、相互通報制度や空海域での軍事活動に関する安全基準について、両国の国防当局間で合意が成立した。しかしその一方で中国は、同時期に東シナ海や南シナ海において現状変更行為の強行を繰り返している。

3……米国憲法は外国との通商権限が議会に属すると定めている。そのため、貿易協定の締結にあたっては、法令によって議会が大統領（行政府）へ通商交渉の権限を一時的に委譲する。この権限によって交渉・合意された通商協定について、議会は内容に手を入れることなく法案の賛否のみを審議するため、政府の対外交渉が円滑に進む仕組みとなっている。

4…B3Wイニシアチブは、2022年のG7エルマウ・サミットで「グローバル・インフラ投資パートナーシップ（PGII）」へと再編された。

5…ただしASEANは、ロシアによるウクライナ侵攻の正当性を決して認めてはいない。戦前、列強の帝国主義に晒された記憶は、ASEAN諸国に国家主権の尊重と領土一体性の原則を刻み込んでいる。ロシアのウクライナ侵攻を非難する国連の決議案ではASEANの8カ国が賛成票を投じた。ロシアと関係が近しいベトナムとラオスでさえ反対票でなく棄権票としている。

6…第1章では、ファレル&ニューマン［2019］が、経済制裁の効力を考えるうえでネットワーク理論の「次数中心性」を参照したことに触れた。ネットワーク理論にはこのほかにも「媒介中心性」という指標がある。これは、ネットワークが多極化しているとき、各サブ・ネットワークを媒介する役割に注目したものである。たとえその要素にハブ的な求心性はなくとも、サブ・ネットワークどうしを橋渡しする立ち位置ゆえ大量の情報がそこを通過する。地政学者ニコラス・スパイクマンが提唱した「リムランド」の概念などは、この媒介中心性に重ね合わせることができるのではなかろうか。

おわりに

前著『グローバル・バリューチェーン』の上梓から4年が過ぎた。その間、世界がどれほど大きく様変わりしたことか。

新型肺炎によるパンデミックは無数の命を奪ったのみならず、社会のありかたを様々な次元で変えてしまった。その中にはＤＸ（デジタル・トランスフォーメーション）の進展など、プラスの側面があったのも間違いない。しかし、感染拡大のさなか、各国が自国第一主義をむき出しにした記憶は国際関係に大きな傷跡を残した。

そして、ロシアによるウクライナ侵攻。戦後の国際秩序を根底から揺るがしたこの事件は両国の戦争へと発展し、いまだ解決の目途が立たないまま国際情勢に暗い影を落としている。

以下は前著の「おわりに」からの一節である。

「4月末に脱稿して以降、一時は収束するかと思われた米中貿易問題は、6月現在、再び急速な展開を見せている。米国による新たな対中追加関税、中国通信機器大手ファーウェイの徹底排除、対する中国の『レアアース砲』……。本書で描いた『絵』が日に日に生々しさを増してゆくなか、ここで筆を置くのは実に心残りであるが、ひとまず研究の区切りとさせていただきたい。」

今回の上梓は、まさに、この「心残り」が出発点となっている。むろん、あの時点で米中関係についてどれだけ深く書き下ろせたものかは定かでない。しかし、凄まじい勢いで世界が動くのを目の当たりにし、「心残り」は次第に「焦り」へと転じていった。なぜ今、自分は眼前の問題について語ることをしていないのか。言いたいことは次々と増え続けているのに。

そんな折、日経BPより本書出版の企画を打診された。まだコロナの真っただ中、約2年前のことである。以降、幸いにも「焦り」は原稿執筆への「情熱」へと化学変化を起こし、今日、ようやくそれを形にすることができた。日々、情勢が目まぐるしく変わるなか、執筆作業はまるで追い掛けっこのようであったが、実に充実した研究プロセスとなった。

2023年5月。ちょうどこの後書きを書いているさなかに広島でG7サミットが開催される。ゼレンスキー・ウクライナ大統領の訪日は大きな話題を呼び、5月20日に公表されたコミュニケ（共同声明）でも、序文に続く行動宣言の冒頭でウクライナへの支援・協力が真っ先に掲げられた。G7にとって広島サミットは、ロシア・ウクライナ戦争に対する協調関与への意思を世界へ向けて改めて表明する格好の舞台となった。

またコミュニケには、軍縮や核不拡散、クリーン・エネルギーの推進、食料安全保障、インフラ整備支援など様々な領域への言及が見られるが、とりわけGVCに関して言えば、「デカップリングではなく、デリスキング（リスク低減）」との文言に尽きるであろう。……さて、これをどう理解すべきか。

まず、国際経済の進路が「デカップリングありき」ではないということを、G7という枠組みのなかで確認できたのは非常に意義高い。その意味するところがなんであれ、取り敢えずはいったん立ち止まり、周りを見渡し、思考停止状態から抜け出す猶予を我々に与えてくれたように思える。

いっぽうで、デカップリングに代わる「デリスキング」とは何か。デカップリングと一体どこが違うのか。コミュニケと併せて公表された『経済的強靭性及び経済安全保障に関するG7首脳声明』を読み込んだが、GVCガバナンスについて、これまでの路線から何がどう変わるのかが見えてこなかった。

そもそも経済安全保障の文脈における「デリスキング」は、フォン・デア・ライエン欧州委員会委員長が昨今の演説で用いた言葉である。少なくともEUの中ではこの概念の輪郭が概ね共有されているようだ。いっぽう、現状ではG7メンバーの間でそのような擦り合わせできているようには見えない。ことに対中関係については、米国にとっての「中国リスク」とEU諸国が考える「中国リスク」との間には未だ大きな隔たりがあるように思える。EU諸国は自国の戦略的自律性を維持できる限りにおいて、中国の経済発展を必ずしも否定しないのに対し、米国（ことに連邦議会）は中国の拡大自体をリスクとして見る傾向が強い。ゆえに米国視点に立つと、「デリスキング」というレトリックは、結局のところ中国の封じ込めを目指したデカップリングへと帰着することになるのではないか。

つまり、「デリスキング」といっても、今のところは中身が整理されていない入れ物に過ぎず、今後、この言葉に意味ある内容を詰め込んでいくことこそがＧ７の現実的な課題となる。メンバー各国は貿易管理・投資管理制度の有意な見直しを通じ、デカップリングとの違いを具体的に示していく必要があるだろう。単にラベルを張り替えただけに済ませないよう、注視しなくてはならない。

本書が刊行にいたるまで多くの方々から様々なご支援をいただいた。すべての方を挙げることはできないが、ことに、相澤伸広 九州大学准教授、江藤名保子 学習院大学教授、大庭三枝 神奈川大学教授、鈴木一人 東京大学教授には、拙稿を目通しいただき、それぞれご専門の見地から非常に貴重なご意見を賜った。また、ＧＶＣと地政学の関係性については、カリフォルニア大学アーバイン校のエテル・ゾリンゲン教授と論文共著を進めるなかで、同教授から有益な知見を多く得ることができた。そして、第２章の実証分析では共同研究パートナーである土中哲秀 九州大学准教授の助力に負うところが大きい。ＯＥＣＤ国際産業連関表の利用にあたっては、ＯＥＣＤ科学技術イノベーション局の山野紀彦氏に多方面で協力いただいた。むろん、本書の記述内容は全て筆者の責任に帰するものであるが、ご支援いただいた諸氏へは深くお礼申し上げる次第である。

そして、前著でもお世話になった日経ＢＰ日本経済新聞出版の平井修一氏には、この２度目の二人三脚、出版企画から刊行まで誠に辛抱強く私を支えてくださったことに、改めて感謝申し上げたい。

4年前に比べるとだいぶ体が弱ってしまった父 良樹と母 悠紀子に、再びこのような形で仕事ぶりを報告できたことをとても嬉しく思う。いつまでも元気でいてほしい。

そして、コロナ渦のパリへ同行し、異国での生活を共に支えてくれた妻 幸代。変わらぬ感謝の気持ちを捧げつつ、本書を締めくくることとする。

令和5年6月

猪俣 哲史

一, 細谷雄一編著,『新しい地政学』, 東洋経済新報社. ①

土屋貴裕 [2021],「安全保障の経済的側面　軍民融合発展戦略」, 村山裕三編著『米中の経済安全保障戦略　新興技術をめぐる新たな競争』, 第 5 章, 芙蓉書房出版. ④⑥

中野雅之 [2021],「米国の輸出管理の新展開　従来型の限界と今後」, 村山裕三編著『米中の経済安全保障戦略　新興技術をめぐる新たな競争』, 第 3 章, 芙蓉書房出版. ④

日本経済新聞 [2023],「関税削減の原産地証明、22年の発給最多に　RCEP発効で」, 2023年4月8日, 日本経済新聞社. ⑥

細谷雄一 [2020],「新しい地政学の時代へ　―冷戦後における国際秩序の転換」, 北岡伸一, 細谷雄一編著,『新しい地政学』, 東洋経済新報社. ①

増田雅之 [2022],「『リベラルな国際秩序』と中国　―親和性の終焉、優位性の追求―」『安全保障戦略研究』第 2 巻第 2 号, 防衛研究所. ⑤⑥

松本要 [2022],「5G時代の覇権争いに向け法的なロジック強化を急ぐ中国　標準必須特許紛争に対する動きが活発化」, 地域・分析レポート, 日本貿易振興機構, 2022年8月29日. ④
https://www.jetro.go.jp/biz/areareports/2022/87dc29dac8deae6d.html

森聡 [2020],「アメリカの対中アプローチはどこに向かうのか　―その過去・現在・未来」, 川島真, 森聡 編著『アフターコロナ時代の米中関係と世界秩序』, U.P.Plus, 東京大学出版会. ⑤

ラセット, ブルース, ハーヴェイ・スター, デヴィッド・キンセラ [2002],『世界政治の分析手法』(小野直樹, 石川卓, 高杉忠明訳), 論創社. ③

ルーマン, ニクラス [2020],『社会システム (上・下)：或る普遍的理論の要綱』(馬場靖雄訳), 勁草書房. ④

と『リバランス』の影響を中心として－」『国際秩序動揺期における米中の動勢と米中関係　中国の国内情勢と対外政策』第8章，日本国際問題研究所．⑤

川上桃子 [2012],『圧縮された産業発展 台湾ノートパソコン企業の成長メカニズム』,名古屋大学出版会．③

木村福成 [2022],「RCEPの意義と役割」，木村福成，西脇修編著『国際通商秩序の地殻変動 米中対立・WTO・地域統合と日本』，第7章，勁草書房．⑥

熊谷聡，早川和伸，後閑利隆，磯野生茂，ケオラ・スックニラン，坪田建明，久保裕也 [2023],「『デカップリング』が世界経済に与える影響—IDE-GSMによる分析」『IDE スクエア 世界を見る眼』，日本貿易振興機構アジア経済研究所．④

経済産業研究所 [2022], Special Report「ロシアのウクライナ侵攻と金融制裁の功罪」，経済産業研究所．①
https://www.rieti.go.jp/jp/special/special_report/159.html

経済産業省 [2020],「安全保障貿易管理について」，経済産業省安全保障貿易検査官室．④
https://www.meti.go.jp/policy/anpo/seminer/shiryo/setsumei_anpokanri.pdf

古賀慶 [2022],「ASEANアーキテクチャにおける『信頼醸成』」，国際安全保障 50(3), 14-32, 国際安全保障学会．⑥

習近平 [2020],「国家中長期経済社会発展戦略若干重大問題」，求是網10月31日．「拉紧国际产业链对我国的依存关系，形成对外方人为断供的强有力反制和威慑能力。」.④
http://www.qstheory.cn/dukan/qs/2020-10/31/c_1126680390.htm

菅原淳一 [2022],「米国のインド太平洋経済戦略 IPEF等を通じたフレンド・ショアリング推進」，みずほインサイト，みずほリサーチ＆テクノロジーズ.⑥

鈴木一人 [2020],「アフター・コロナ時代の宇宙開発」，川島真，森聡編著『アフターコロナ時代の米中関係と世界秩序』，東京大学出版会．①

――― [2021],「エコノミック・ステイトクラフトと国際社会」，村山裕三編著『米中の経済安全保障戦略　新興技術をめぐる新たな競争』，序章，芙蓉書房出版．④

高木誠一郎 [2021],「米国対中『関与』政策の展開：初歩的報告」，研究レポート「中国」研究会　第9号，日本国際問題研究所．⑤

田所昌幸 [2020],「武器としての経済力とその限界　—経済と地政学」，北岡伸

https://foreignpolicy.com/2022/07/26/misperception-security-dilemma-ir-theory-russia-ukraine/

朝日新聞中国総局 [2018],『核心の中国　習近平はいかに権力掌握を進めたか』, 朝日新聞出版. ③

アリソン, グレアム [2017],『米中戦争前夜』(藤原朝子訳), ダイヤモンド社. ③⑤

安全保障貿易情報センター [2023],「中国で成立した改正『反スパイ法』と問題点、関連動向について」, 安全保障貿易情報センター. ⑥ https://www.cistec.or.jp/service/uschina/65-20230411.pdf

猪俣哲史 [2019],『グローバル・バリューチェーン』, 日本経済新聞出版. ②⑤

――― [2020a],「生産の脱中国は本当か」『国際問題』第689号, 日本国際問題研究所.

――― [2020b],「サプライチェーンの国内回帰は妥当か」『日本貿易会月報』第789号, 日本貿易会.

――― [2020c],「国際生産システムをみる「眼」の刷新を－グローバル・バリューチェーンとグローバル・サプライチェーン」『外交』, 第62号, 都市出版.

――― [2021a],「国内制度とグローバル・バリューチェーン」,日本国際問題研究所研究レポート「経済・安全保障リンケージ」研究会第13号.

――― [2021b],「実証データがあぶり出す、グローバルサプライチェーンの「急所」」『日経ビジネス』電子版, 日経BP.

太田泰彦 [2021],『2030半導体の地政学　戦略物資を支配するのは誰か』, 日本経済新聞出版. ③

大庭三枝 [2023],「主体的なプレイヤー　ASEANとグレーな世界」, 中央公論2023年1月号、137(1), 102-109, 中央公論新社. ⑥

大橋英夫 [2017],「中国の過剰生産能力と国有企業改革」『国際秩序動揺期における米中の動勢と米中関係　中国の国内情勢と対外政策』第５章, 日本国際問題研究所. ⑤⑥

小野純子 [2021],「米国における輸出管理の歴史　EAAからECRAまで」, 村山裕三編著『米中の経済安全保障戦略　新興技術をめぐる新たな競争』, 第1章, 芙蓉書房出版. ④

角崎信也 [2017],「中国指導部の国際情勢認識の変容と政策－『世界金融危機』

Lawrence, R. Z. [1996], *Regionalism, Multilateralism, and Deeper Integration,* Brookings Institution, Washington D.C. ③

Meng Bo, Xiao Hao, Ye Jiabai and Li Shantong [2019], "Are Global Value Chains Truly Global? A New Perspective Based on the Measure of Trade in Value-added", *IDE Discussion Paper Series* No.736, Institute of Developing Economies, JETRO.①

Ney, Jeremy [2021], "United States Entity List: Limits on American Exports", Belfer Center, Harvard Kennedy School.⑥
https://www.belfercenter.org/publication/united-states-entity-list-limits-american-exports

Rudd, Kevin [2019], "To Decouple or Not to Decouple?", in Kevin Rudd Speech for the Robert F. Ellsworth Memorial Lecture, Asia Society Policy Institute. ④
https://asiasociety.org/policy-institute/decouple-or-not-decouple

Solingen, E. and S. Inomata [2021], "GVC Interdependence and Geopolitics: What Is at Risk?", Background Paper for the 2021 GVC Development Report Workshop. 9 October 2020.

Tang, Shiping [2009], "The Security Dilemma: A Conceptual Analysis", *Security Studies,* 18(3), 587-623, DOI: 10.1080/09636410903133050.⑤

The White House [2021a], *Executive Order on America's Supply Chains,* February 24, 2021.④

The White House [2021b], *Building Resilient Supply Chains, Revitalizing American Manufacturing, and Fostering Broad-based Growth 100-Day Reviews under Executive Order 14017,* June 2021.④

The White House [2022a], *Indo-Pacific Strategy of the United States.*④

The White House [2022b], *Executive Order on America's Supply Chains: A Year of Action and Progress,* February 2022, p.7.⑥

The White House [2022c], *On-the-Record Press Call on the Launch of the Indo-Pacific Economic Framework,* May 23, 2022.⑥

U.S. Department of State [2021], "A Foreign Policy for the American People", March 3, 2021.④

Walt, Stephen M. [2022], "Does Anyone Still Understand the 'Security Dilemma'?", *Foreign Policy.*⑤

How Global Economic Networks Shape State Coercion", *International Security* 44 (1): 42-79.①⑥

Freed, Benjamin [2016], "70 Percent of the World's Web Traffic Flows through Loudoun County", *Washingtonian,* September 14, 2016.①

Gawer, A. [2009], "Platform Dynamics and Strategies: From Products to Services", in A. Gawer (eds.), *Platforms, Markets and Innovation,* Edward Elgar, Cheltenham. ①

Góes, C. and E. Bekkers [2022], "The Impact of Geopolitical Conflicts on Trade, Growth, and Innovation", *Staff Working Paper ERSD-2022-09,* World Trade Organization.④

Hayakawa, K., K. Ito, K. Fukao and I. Deseatnicov [2022], "The Impact of the U.S.-China Conflict and the Strengthening of Export Controls on Japanese Exports", *IDE Discussion Paper* No. 852, Institute of Developing Economies, JETRO.④

Herz, John H. [1950], "Idealist Internationalism and the Security Dilemma", *World Politics* 2 (2), 157-180, Cambridge University Press.⑤

Hirschman, Albert O. [1945/1980/1980], *National Power and the Structure of Foreign Trade,* Berkeley, California: University of California Press.①

Häge, Frank M. [2011], "Choice or Circumstance? Adjusting Measures of Foreign Policy Similarity for Chance Agreement", *Political Analysis* 19 (3), 287-305.⑥

Inomata, S. and T. Hanaka [2021], "A Risk Analysis on Geographical Concentration of Global Supply Chains", *IDE Discussion Paper Series* 828, Institute of Developing Economies, JETRO.②⑥

International Monetary Fund [2022], *Regional Economic Outlook, Asia and Pacific "Sailing into Headwinds"*, International Monetary Fund.④

——— [2023], *World Economic Outlook 2023.*③

Jervis, Robert [1978], "Cooperation Under the Security Dilemma", *World Politics,* 30(2) ,167-214.⑤

Kirilakha, A., G. Felbermayr, C. Syropoulos, E. Yalcin and Y.V. Yotov [2021], "The Global Sanctions Data Base: An Update that Includes the Years of the Trump Presidency", in van Bergeijk, Peter A.G. (eds.) *The Research Handbook on Economic Sanctions.*①

参考文献

（文献の末尾の丸数字は、該当する章番号を示しています）

Autor, D.H., D. Dorn, G.H. Hanson and K. Majlesi [2016], “Importing Political Polarization? The Electoral Consequences of Rising Trade Exposure”, *NBER Working Paper* No.22637, National Bureau of Economic Research.③

Baldwin, R. [2006], *Globalisation: The Great Unbundling(s),* Helsinki: Economic Council of Finland.③

——— [2014], “Multilateralising 21st Century Regionalism”, a paper presented for Global Forum on Trade Reconciling Regionalism and Multilateralism in a Post-Bali World, Organisation for Economic Co-operation and Development.②③

——— [2016], *The Great Convergence: Information Technology and the New Globalization,* Harvard University Press.③

Bulman, David J. [2021], “The Economic Security Dilemma in US-China Relations”, *Asian Perspective,* 45(1), Winter 2021, 49-73.⑤

Chachko, Elena [2021], “National Security by Platform”, *Stanford Technology Law Review* 25 (1), 55-140, Stanford University.⑥

DHL [2021], *Global Connectedness Index 2021 Update: Globalization Shock and Recovery in the Covid-19 Crisis,* DHL.④

Dietzenbacher, E., I. Romero and N. S. Bosma [2005], “Using Average Propagation Lengths to Identify Production Chains in the Andalusian”, *Estudios de Economia Aplicada* 23 (2), 405-422.

Ding, K. and S. Hioki [2018], “The Role of a Technological Platform in Facilitating Innovation in the Global Value Chain: A Case Study of China’s Mobile Phone Industry”, *IDE Discussion Paper Series* 692, Institute of Developing Economies, JETRO.⑤

Dittmer, Jason and Jo Sharp [2014], “General Introduction”, in J. Dittmer and J. Sharp (eds.), *Geopolitics: An Introductory Reader,* London: Routledge.①

Drezner, Daniel W. [2021], “The United States of Sanctions The Use and Abuse of Economic Coercion”, *Foreign Affairs,* September/October 2021, The Council on Foreign Relations.①④

Farrell, Henry and Abraham L. Newman [2019], “Weaponized Interdependence:

フェイスブック（Facebook） 165, 166
「深い」貿易協定 97
付加価値貿易（Trade in value-added: TiVA） 48, 49, 51-53,61
武器化するGVC 22, 24
負の貿易転換効果 179
プラザ合意 46
プラットフォーム 28
プラットフォーム企業 165, 166
フレンド・ショアリング 125, 169-171
プロダクト・サイクル論 85
ブロックチェーン（分散型デジタル共有台帳） 25
平均波及回数（Average Propagation Length） 68, 71, 72
「米国のサプライチェーンについて」 123, 125, 170
ヘッジング 98
ヘルシンキ最終文書 161
貿易・技術評議会（TTC） 170
ボールドウィン、リチャード（Baldwin, Richard） 95, 99

〈ま行〉

みなし再輸出 120
民参軍 164
無政府状態 152
メディアテック（聯發科技股份） 155
モジュール化 98

〈や行〉

ヤマアラシのジレンマ 131
輸出管理改革法、米国 119
輸出管理規則（EAR）、米国 116, 122, 125
輸出管理法、中国 112, 113, 115

〈ら行〉

リーマン・ショック 44, 47
リバランス 146, 149, 150
リムランド（Rimland） 185
レアアース禁輸 36
レアアース対日禁輸 25, 36
ロシア・ウクライナ戦争 126, 151

〈わ行〉

ワッセナー・アレンジメント 116, 117

知的資本（knowledge-based capital） 91, 92
中央軍民融合発展委員会　165
中国WTO加盟　143
中国脅威論　145
中国ショック　90, 95
中国製造2025　141
チョークポイント　8, 19, 23, 43, 47, 67, 93, 94, 182
直接製品ルール　125, 126
地理的集中リスク　47, 48, 52, 56
地理的分散　99, 100
ツイッター（Twitter）　165
通過頻度指標（Pass-through Frequency：PTF）　52, 53, 58, 67
通商拡大法232条、米国　118
ディスコース・パワー（話語権） 147
ディッツェンバッハ、エリック（Dietzenbacher, Erik）　68
デカップリングの暴走　132, 161
デジタル人民元　36, 133
デタント（緊張緩和）　82
デュアル・ユース
→ 軍民両用
デリスキング（de-risking）　105, 133, 188, 189
天安門事件　82, 138
トゥキディデスの罠（ツキデデスの罠）　82, 83, 145, 149, 151
同時多発テロ　143
トラック2　183, 184
取りあえずの一手（“Policy of first resort”）　35
ドレズナー、ダニエル（Drezner, Daniel）　35, 38

〈な行〉

日EU経済連携協定　177
日中韓FTA　178
ニューマン、アブラハム（Newman, Abraham L.）　20-24
ネットワーク中心性　20, 22, 24
ネットワーク理論　20-22, 185

〈は行〉

ハーシュマン、アルバート（Hirschman, Albert O.）　22
媒介中心性（betweeness centrality） 185
ハイシリコン（海思半导体）　26
「パワー・トランジッション」理論 83
反テロリズム・グローバル・インターネット・フォーラム（GIFCT）　166
半導体　25, 26, 93, 94
反腐敗闘争　150
東アジアサミット（The East Asia Summit）　169, 174, 180
ファーウェイ（华为技术）　26, 94
ファクトリー・アジア（Factory Asia）　46
ファレル、ヘンリー（Farrell, Henry） 20-24

129
経済的威圧　178
経済的繁栄のための米州パートナーシップ（APEP）　170
恒久正常通商関係（PNTR）法　143
構造的カップリング　105
後方支援（バックフィル）　36
国際産業連関表／データ　43, 66-68, 174
国際政治経済新秩序　142, 146
国防権限法、米国　121, 146, 163
国連商品貿易統計データベース（UN Comtrade）　43
国家安全委員会　147
国家情報法、中国　168
混合所有制　164, 167, 184

〈さ行〉

再輸出　112, 119
サプライチェーン（の）強靭化　124, 170
サプライチェーンの脆弱性　67
産業間の経済的「距離」　44, 68, 72
ジェトロ・アジア経済研究所（IDE-JETRO）　129
次数中心性（degree centrality）　20
自分のつま先を撃つ（shoot your own foot）　35
遮断機能（チョークポイント効果）　23, 24, 26
上海協力機構　66, 142
上海ファイブ　142, 156
囚人のジレンマ　153, 158
自由で開かれたインド太平洋（FOIP）　173
新安全保障観　142
新型大国関係　145, 149
信頼醸成メカニズム　161, 166, 168, 182, 184
新冷戦　131, 169
生産波及効果　69
制度の優位性　157
世界制裁データベース（Global Sanction Database）　29, 37
世界の警察　30
世界貿易機関（WTO）　46, 100
責任あるステークホルダー　143
ゼロコロナ政策　150
戦略・経済対話　144
戦略対話　143
戦略的再保証　144
戦狼外交　155
相互依存の武器化　22
双循環　115
総体的国家安全保障観　147
ゾンビ企業　118

〈た行〉

対ソ封じ込め　138
対中関与　81, 82, 138, 142, 143, 145, 148
大統領貿易促進権限（TPA）　169
タリフ・マン　33, 116
力による現状変更　146
地経学（Geo-economics）　40

50音順

〈あ行〉

アーム（ARM Holdings） 94
「浅い」貿易協定 96
アジアインフラ投資銀行（AIIB） 147
アジア太平洋安全保障協力会議（CSCAP） 183
圧縮された経済発展 84, 87, 144, 149
アマゾン（Amazon.com） 24
アリソン、グレアム（Allison, Graham T.） 82
アリババ（阿里巴巴集団） 24
安全保障のジレンマ 151-153, 155
域外適用 57, 58, 119, 121, 122, 125, 126, 170
一帯一路 36, 98, 147, 172
依法治国 148, 150
イラン核合意 122
インド太平洋戦略 133, 169-172
インフレ抑制法 125
ウクライナ侵攻 22, 30, 150, 174, 185
エンティティ・リスト 163
オイルショック 93
欧州安全保障協力機構（OSCS） 161

〈か行〉

改革・開放 81, 95, 164
外国法・措置の不当な域外適用の阻止弁法、中国 123
外国法令域外適用ブロッキング規則（ブロッキング規則）、EU 122, 126
外国為替及び外国貿易法（外為法）、日本 134
改正反スパイ法、中国 168
核心的利益 147
雁行形態論 85
監視機能（パノプティコン効果） 23, 24, 26
環太平洋パートナーシップ 61, 169
黄身のない目玉焼き 171
業務空洞化 89, 90
緊張緩和（デタント） 82
金融版の核兵器 22
クアルコム（Qualcomm） 154, 155
グーグル（Google） 165
クリミア併合 30
グレーな世界 173, 174, 176
グローバル・インフラ投資パートナーシップ（PGII） 185
グローバルサウス 131
軍事エンドユーザー 167
軍転民 164
軍民融合 164-167
軍民両用（デュアル・ユース） 117
経済安全保障のトリレンマ 126
経済協力開発機構（OECD） 67
経済地理シミュレーション・モデル

索　引

数字・アルファベット順

21世紀型ガバナンス　97, 98
AIIB → アジアインフラ投資銀行
APEP　170
ASEANアーキテクチャ　180, 181
ASEANインド太平洋アウトルック（AOIP）　173, 174
ASEAN経済共同体（ASEAN Economic Community）　182
ASEAN地域フォーラム（ASEAN Regional Forum）　180, 183
ASEAN＋1　177, 178
ASML（Advanced Semiconductor Materials Lithography）　94
B3W（Build Back Better World）イニシアチブ　171
CHIPS・科学法　125
CPTPP（環太平洋パートナーシップに関する包括的及び先進的な協定）　61, 169, 170, 177
CSCAP　184
DAC　34
FOIP　173
GATT（関税及び貿易に関する一般協定）　100
GIFCT　166
IDE-JETRO → ジェトロ・アジア経済研究所
IPEF（繁栄のためのインド太平洋経済枠組み）　66, 169-172
JETRO　112
OECD → 経済協力開発機構
OECD開発援助委員会（DAC）　34
OSCS　161
PNTR　143
PTF → 通過頻度指標　53, 58
RCEP（地域的な包括的経済連携）　61, 169, 177-179
small yard, high fence（小さな敷地、高い防壁）　119, 162
SMIC（中芯国际）　26, 94
SWIFT（国際銀行間金融通信協会）　22-24, 36
TPA　170
TPP（環太平洋パートナーシップ）　61, 169
TSMC（台湾積体電路）　26, 94
TTC　170
UN Comtrade → 国連商品貿易統計データベース
WTO → 世界貿易機関　46, 100
ZTE（中兴通讯）　25

〔著者紹介〕

猪俣哲史（いのまた・さとし）

ジェトロ・アジア経済研究所　海外研究員
1966年（昭和41年）生まれ。
1990年　ロンドン大学政治学部卒業。
1991年　オックスフォード大学大学院経済学部卒業。
1995年　多摩美術大学造形表現学部（舞台美術）卒業。
2014年　一橋大学より博士号（経済学）取得。
1991年　アジア経済研究所入所。
2000年～02年　ロンドン大学　客員研究員。
2020年～　経済協力開発機構（OECD）パリ本部　客員研究員。

国際産業連関学会前会長、国際産業連関学会誌 Economic Systems Research 編集委員。

〈単著〉
『グローバル・バリューチェーン　―新・南北問題へのまなざし―』、日本経済新聞出版、2019年。
＊毎日新聞社／アジア調査会主催　「アジア・太平洋賞 特別賞」受賞
＊大平正芳記念財団主催「大平正芳記念賞」受賞
〈編著〉
Escaith, H. and S. Inomata eds., *Trade Patterns and Global Value Chains in East Asia,* WTO/IDEJETRO, WTO Publication, Geneva, 2011.
Inomata, S. ed., *Asia beyond the Global Economic Crisis,* Edward Elgar, Cheltenham, 2011.

グローバル・バリューチェーンの地政学

2023年6月29日　1版1刷

著　者　猪俣　哲史

発行者　國分　正哉

発行所　株式会社日経 BP
日本経済新聞出版
発　売　株式会社日経 BP マーケティング
〒105-8308　東京都港区虎ノ門4-3-12

印刷／製本　中央精版印刷株式会社
DTP　マーリンクレイン
装幀　野網雄太
ISBN978-4-296-11439-9